Sushi Kochbuch

Das große Sushi Buch für
Anfänger und Profis
mit über 120 leckeren Rezepten

Sushi selber machen
mit und ohne Reiskocher

Inkl. Maki, Sushi Obst
- Ideal zu deinem Sushi Starter Set

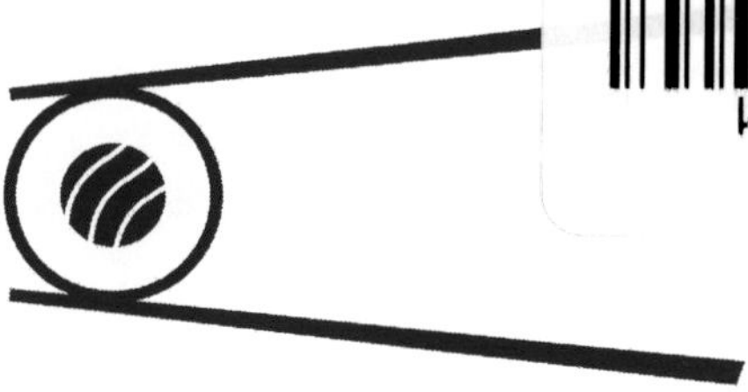

JAPANISCH KOCHEN

Inhaltsverzeichnis

Vorwort

In Japan gilt die Zubereitung von Sushi als Kunstform, die eine lange und traditionsreiche Ausbildung erfordert. Auch in Deutschland genießt das Gericht aus gesäuertem Reis sehr viel Respekt. Die Scheu davor, sich selbst an der Zubereitung von Sushi zu versuchen, ist groß. Dieses Buch soll dazu beitragen, die Scheu zu überwinden. Mit über 120 leckeren Rezepten, vielen hilfreichen Tipps und interessanten Beschreibungen bringt dich das Sushi-Kochbuch auf den Geschmack. Sushi selber zu machen ist eine wunderbare Herausforderung, die du auch ohne Lehrstunden bei einem japanischen *Itamea-san* erfolgreich meistern kannst.

Du verfügst bereits über Erfahrung in der Zubereitung von Sushi? Auch dann werden dich die vielen Rezepte in diesem Buch begeistern und dir viele neue Anregungen liefern. Mit den zahlreichen kompakten Informationen kannst du dein bisheriges Wissen auffrischen oder sogar erweitern. Das jahrhundertealte Gericht Sushi bietet immer wieder neue Facetten.

Die Ursprünge des Sushis liegen im südostasiatischen Raum. Bereits im Jahr 718 wurde das Gericht in japanischen Dokumenten erwähnt. Erst Anfang des 20. Jahrhundert gelangte Sushi nach Deutschland und erfreut sich mittlerweile großer Beliebtheit. Die Zubereitung mit Reis und Fisch oder Meeresfrüchten ist besonders bekannt. Darüber hinaus sind viele weitere Varianten möglich, die dir in diesem Buch vorgestellt werden.

1. Die Geschichte des Sushis

Bei Sushi wirst Du sicher sofort an Japan, Reis und Fisch denken und das ist fast richtig. Schon vor einigen tausend Jahren gab es Essen in dieser Kombination, allerdings in China. Man konservierte den Fisch in Reis - nicht um ihn länger haltbar zu machen - sondern um ihn nach der Gärung zu verzehren. Schon im 2. Jahrhundert wurde diese Art der Haltbarmachung verwendet. Der Reis wurde aber nicht gegessen, sondern nur der Fisch.

Die Zubereitung wurde in Japan weiterentwickelt und perfektioniert, was aber noch viele Versuche, Misserfolge und Aha-Effekte benötigte. Das *Funa-Sushi* gilt als die älteste Variante, Nori-Marik-Sushi ist ebenfalls schon seit Ende des 18. Jahrhunderts bekannt. Lediglich vom *Nigiri-Sushi* ist nicht genau erforscht, wann es entwickelt wurde. Das wird nach Schätzungen der Experten bereits bis zu 170 Jahre zurückliegen. Der Fischhändler Yohei Hanaya wird als der Erfinder des Nigiri-Sushis angegeben. Nach dem letzten Krieg wurde es besonders populär und auch unter der Bezeichnung *Edomae-Sushi* verbreitet.

Wusstest Du, dass Sushi in Japan ausschließlich von Männern hergestellt wird? Angeblich sind Männerhände kühler, aber wer auch immer es heute in aller Welt zubereitet, benötigt ein bisschen Kenntnis von der Technik und den Zubereitungen. Das wollen wir Dir nachfolgend vermitteln.

2. Welches Zubehör und Basics werden zum Sushi selber machen benötigt?

Damit Dir Dein Sushi perfekt gelingt, benötigst Du einige Basics, die wir Dir hier vorstellen möchten. Für den Anfang reicht eine Grundausstattung, die Du immer wieder erweitern kannst.

Bambusmatte

Die Bambusmatte wird zum perfekten Rollen der belegten Blätter benötigt, ohne sie können Maki-Sushi und Inside-Out Rollen nicht gelingen. Bedeckst Du sie mit Frischhaltefolie, bevor Blätter und Zutaten aufgelegt werden, lassen sich Keime im Naturmaterial Bambus vermeiden. Eine Alternative ist die Matte aus Kunststoff.

Sushi-Messer

Ein Sushi-Messer ist für die Sushi-Zubereitung notwendig. Hier musst Du aber nicht gleich das teuerste kaufen. Für den Einstieg empfiehlt sich der Kauf eines Santoku-Messers. Das Santoku hat die Form eines bei uns bekannten Kochmessers. Es kann zum Schneiden von Gemüse, Fleisch und Fisch genutzt werden und ist 16-24 cm lang.

Ess-Stäbchen

Zur Zubereitung von Sushi-Rollen werden keine Stäbchen benötigt, wohl aber, um die fertigen Sushis zu verspeisen. Du wirst viel Auswahl haben, japanische Ess-Stäbchen gibt es in großer Vielfalt.

Reiskocher oder Topf

Um den Reis des Sushis zubereiten zu können, wird ein Reiskocher oder Topf benötigt. Der Reiskocher ist optional, hat aber durchaus seine Vorteile. So musst Du nicht laufend den Kochvorgang beobachten, da sich der Reiskocher automatisch abschaltet, sobald der Reis fertig ist. Ein Anbrennen des Reises oder ein Überlaufen des Topfes ist daher nicht mehr möglich. Der Reiskocher verfügt auch über die äußerst praktische Funktion des Warmhaltens, somit kann der Reis zu einem späteren Zeitpunkt einfach wieder erwärmt werden.

2.1 Welche Zutaten werden zur Zubereitung von Sushi benötigt?

Das Thema Reis behandeln wir in einer eigenen Rubrik. Reis, Fisch oder andere Zutaten werden meist auf einem Algenblatt verteilt, einem Nori-Blatt. Sie sind in verschiedenen Ausführungen erhältlich.

Sojasoße

Für die Würze kannst Du verschiedene Zutaten verwenden. Die bekannteste ist die Sojasoße, die es ebenfalls in verschiedenen Geschmacksrichtungen gibt. Nimm nicht die süße Sojasoße aus Thailand, sondern eher eine hochwertige und ausgewogene, die bestenfalls natürlich gebraut wurde.

Wasabi

Wasabi ist sehr wichtig für die perfekte Würze. Es ist ein japanischer Meerrettich, der die gewünschte Schärfe ans Sushi bringt. Es gibt auch hier viele Sorten, die in Deutschland selten frisch, aber immer in der Tube oder als Pulver zum Anrühren erhältlich sind.

Reisessig

Reisessig wird unabhängig von der Reissorte verwendet. Er gibt dem gekochten Reis die spezielle Würze und harmoniert perfekt mit allen Zutaten, die in einer Sushi-Rolle verwendet werden.

3. Den perfekten Sushi-Reis kochen inkl. Anleitung

3.1. Kleine Reiskunde

Reis ist in unterschiedlichen Sorten erhältlich und jede ist mit speziellen Eigenschaften ausgestattet. Zusätzlich gibt es verschiedene Verarbeitungsarten von Reis, beispielsweise Langkornreis, Rundkornreis, Mittelkornreis, Vollkornreis oder Wildreis.

Für Sushi wird am besten japanischer Rundkornreis (*Oryza sativa japonica*) verwendet. Er enthält wesentlich mehr Stärke als die anderen Reisarten und klebt für Sushi, Maki, Oshi, Nigiri oder Onigiri perfekt zusammen.

Süße Sushis oder japanischer Reiskuchen wird mit Mochi Reis einfach perfekt. Mochi Reis ist ein Mittelkornreis, der ein süßliches Aroma besitzt. Auch er klebt sehr gut und wird außer für süßes Sushi für süße Aufläufe verwendet.

Die Verwendung von Klebereis (*Oryza sativa glutinosa*) ist nicht empfehlenswert, auch wegen des Geschmacks.

3.2 Grundrezept Sushi-Reis

In Japan müssen angehende Lehrlinge auf den Beruf eines Sushi Kochs mehr als 3 Jahre lernen, um den perfekten Sushi Reis zubereiten zu können. Du wirst es kennen, Reis kochen ist nicht so einfach wie es sich anhört. Beim Sushi Reis kommen noch einige Kniffe dazu, die wir Dir hier erklären möchten.

Für 4 Personen werden ca. 800 g fertig gekochter Reis gerechnet, roh sind das ungefähr 350 g.

1. Die entsprechende Menge Sushi-Reis wird in einem feinen Sieb unter fließend kaltem Wasser gewaschen, bis das Wasser klar durchläuft.
2. Anschließend den gewaschenen Reis in einen Topf geben, diesen mit dem Deckel verschließen und noch eine halbe Stunde quellen lassen.
3. Nach der Quellzeit wird zum Reis die doppelte Menge Wasser gegeben. Der Reis wird bei schwacher Hitze rund 20 Minuten gekocht. Das Wasser sollte vollständig vom Reis aufgenommen worden sein.
4. Nun wird zwischen Topf und Deckel ein Geschirrtuch gelegt, um die Feuchtigkeit aufzufangen, während der Reis ca. 20 Minuten ruht.
5. Anschließend wird der Sushi Reis in eine große flache Schüssel umgefüllt. Er sollte nun ein paar Minuten abkühlen, bevor das fertig vorbereitete Sushi-Zu eingearbeitet wird.

Sushi-Zu:

Hierbei handelt es sich um selbst hergestellte Reiswürze, die aus folgenden Zutaten besteht:

- ca. 50 ml Reisessig,
- 25 g Zucker
- 7 g Salz

1. Reisessig, Zucker und Salz erwärmen, bis sich Zucker und Salz gelöst haben, dann abkühlen lassen.
2. Der gekochte Reis in der Schale wird aufgelockert, dabei wird das Sushi-Zu eingearbeitet.

3.3 Sushi-Reis zubereiten mit dem Reiskocher

1. 1 Tee-Tasse Reis (250g) durch ein Sieb mit kaltem Wasser abwaschen und in den Innentopf des Reiskochers geben.
2. Anschließend 1 ½ Tee-Tassen kaltes Wasser (375ml) dazugeben und den Reiskocher-Deckel schließen. Reiskocher einschalten und sobald der Kochvorgang abgeschlossen ist, Sushi-Zu unterrühren.

4. Sashimi selber machen

4.1 Was ist der Unterschied zwischen Sashimi und Sushi?

Ebenso beliebt wie Sushi ist bei den Japanern – und auch immer mehr bei uns – das Sashimi. Fast könnte man Sashimi auch als eine puristische Variante des Sushis bezeichnen. Bei Sashimi wird jedoch der verwendete rohe Fisch ohne Reis verzehrt. Für einige wenige Gerichte kann der Fisch auch leicht angebraten, roh gesalzen oder in Essig eingelegt sein.

Auch Meeresfrüchte werden wie Fisch als Sashimi serviert und es ist wichtig, hier auf erstklassige Qualität und Frische der Produkte zu achten. Es werden verschiedene Fischsorten verwendet, alle werden in feine Filet-Stücke geschnitten.

Für die Zubereitung von Sashimi empfiehlt sich die Verwendung eines speziellen Messers, dem Hōchō Messer. Es hat eine besonders geformte Messerklinge, die es leichter macht, den Fisch in besonders dünne Filetscheiben zu schneiden.

Auch bei der Zubereitung von Sashimi lassen sich die Japaner viel Zeit. Nicht nur die Wahl des Fisches, sondern auch wo er genau geschnitten wird, wird sorgfältig abgewogen. Das Schneiden der Filetscheiben wird als kunstvoller Akt betrachtet, der voller Respekt vor der Natur ausgeführt wird. Natürlich gilt das auch für die Wahl anderer Meeresfrüchte.

Die Kunst der Zubereitung von Sashimi besteht darin, jeden Fisch in seiner eigenen Technik zu schneiden. Selbst die freie Hand des Kochs, die den Fisch festhält, spielt bei diesem Ensemble eine Rolle.

Im Wesentlichen sind es die Hira-Zukuri Technik und die USU-Zukuri Technik, mit der Fisch für Sashimi geschnitten wird. Die Hira-Zukuri Technik ist am weitesten verbreitet und relativ einfach. Der Fisch wird in dicke, rechteckige Scheiben von ca. einem Zentimeter geschnitten. Feine Scheiben werden durch die Anwendung der Kihi-Zukuri Technik hergestellt, sie unterscheidet sich aber ebenso von der Anordnung der geschnittenen Scheiben während des Schneidens.

4.2. Welche Fischsorten und Meeresfrüchte sind für Sashimi geeignet?

Damit Du das perfekte Sashimi zubereiten kannst, ist es gut zu wissen, welche Fischsorten oder Meeresfrüchte dafür geeignet sind. Der Zusatz „Sashimi" zeigt beim Kauf von Fisch oder Meeresfrüchten an, dass das Produkt zum rohen Verzehr geeignet ist und besonders strengen Kriterien unterliegt.

Fischsorten für Sashimi:	**Meeresfrüchte für Sashimi:**
Thunfisch	Eismeergarnele
Schwertfisch	Riesengarnele
Makrele	Jakobsmuschel
Lachs	Auster
Pazifischer Makrelenhecht	Elefantenrüsselmuschel
Japanischer Barsch	
Seebrasse	
Aal	
Gefleckter Pazifikhering	

4.3 Sashimi Rezepte

Sashimi – roher, in Scheiben geschnittener Fisch oder Meeresfrüchte in bester Qualität. Bei Sashimi wird kein Reis, aber viel Gemüse und natürlich die Vielfalt exotischer Gewürze verwendet. Eine Vielzahl an Rezeptvarianten sorgt für Abwechslung, doch auch wenige Zutaten machen Sashimi zur Delikatesse.

4.3.1 Thunfisch und Lachs Sashimi

Für 4 Portionen
Zubereitungszeit:
30-60 Min.
Schwierigkeit: leicht

Zutaten:

100 g Gurke
100 g Rettich
100 g Thunfischfilet
80 g frischer Lachs ohne Haut (Rückenstück)
75 g Seezungenfilet
Eiswürfel
Wasabi
Sojasoße

Zubereitung:

1. Rettich und Gurke schälen und mit dem Messer in feine Streifen schneiden. 20 Minuten in Eiswasser legen.
2. Thunfisch im 45° Winkel in 1,5 cm und Lachs in 1cm dicke Scheiben schneiden. Mögliche Gräten des Seezungenfilet herauszupfen und schräg hauchdünn in Scheiben schneiden.
3. Gemüsestreifen trocknen und mit dem Fisch auf einer Platte appetitlich anordnen. Dazu Wasabi und Sojasoße in Schälchen zum Dippen servieren.

4.3.2 Sashimi vom Thunfisch mit Tomatensalsa

Für 4 Portionen
Zubereitungszeit: 40 Min.
Schwierigkeit: mittel

Zutaten:

320 g Thunfischfilet
200 g Möhren
100 g Rettich
100 ml Orangensaft
Je ½ TL grüne, gehackte Chilischote und Honig
Salz
250 g reife Tomaten
1 TL fein geriebener Ingwer
1 EL fein geschnittenes Koriandergrün
1 EL Petersilie
2 TL Sojasoße
1 Spritzer Tabasco
1 EL Öl
2 Spritzer dunkles Sesamöl
2 TL Sesamkörner
120 g Reis

Zubereitung:

1. Möhren und Rettich schälen, in hauchdünne Scheiben hobeln. Marinade aus 50 ml Orangensaft, Chili, Honig und Salz herstellen und Gemüsestreifen darin einlegen.

2. Tomaten entkernen und in feine Würfelchen schneiden. Salatsoße aus 50 ml Orangensaft mit Ingwer, Petersilie, Koriander, Sojasoße, Salz, Tabasco, Öl und Sesamöl herstellen und Tomaten darin ziehen lassen.

3. Thunfisch in 8 gleich große Stücke schneiden und zusammen mit dem Möhren-Rettich-Salat auf Tellern anrichten. Mit Tomatensalsa beträufeln und Sesamkörnern bestreuen.

4.3.3 Thunfisch Sashimi mit Avocado

Für 10 Portionen
Zubereitungszeit: 30 Min.
Schwierigkeit: leicht

Zutaten:

500 g Thunfischfilet
2 Avocado
2 EL Sesam
2 EL Mayonnaise
1 EL Orangensaft
4 EL Sojasoße, ein paar Tropfen dunkles Sesamöl
1 TL Wasabipaste
15 g frischen Ingwer
1 Bund Schnittlauch
Salz, Pfeffer

Zubereitung:

1. In einer Pfanne die Sesamkörner trocken rösten, auf einem Teller abkühlen lassen. Dressing aus Mayonnaise, Orangensaft, Sojasoße, Sesamöl und Wasabi herstellen, Ingwer fein reiben und unterrühren.

2. Gewaschenen, trockenen Thunfisch in sehr kleine Würfel schneiden. Avocado-Fruchtfleisch auslösen, klein schneiden, mit Salz und Pfeffer abschmecken. Avocadowürfel und Thunfischwürfel unter das Dressing heben.

3. Thunfisch in kleinen Schälchen anrichten, mit Schnittlauchröllchen und Sesam bestreuen.

4.3.4 Dorade Sashimi

Für 4 Portionen
Zubereitungszeit: 30 Min.
Schwierigkeit: leicht

Zutaten:

400 g Doradenfilets ohne Haut
2 EL Reiswein
5 EL Sojasoße
5 EL Zitronensaft
1 EL Puderzucker
Salz, Pfeffer
100 ml Olivenöl
½ Kästchen Shiso-Kresse oder Gartenkresse
4 EL dunkler Balsamico-Essig

Zubereitung:

1. Für die Ponzu-Soße den Reiswein einmal kurz aufkochen lassen, mit Sojasoße und Zitronensaft verrühren. Puderzucker unterrühren und auskühlen lassen.

2. Gewaschenes und abgetrocknetes Fischfilet schräg in sehr dünne Scheiben schneiden. Diese auf 4 Tellern anrichten, mit Salz und Pfeffer würzen. Das Öl in einem Topf erhitzen.

3. Abgeschnittene Kresse über den Fisch streuen. Das heiße Öl mit einem Löffel über den Fisch und die Kresse verteilen. Ponzu-Soße und Balsamico-Essig darüber träufeln, sofort servieren.

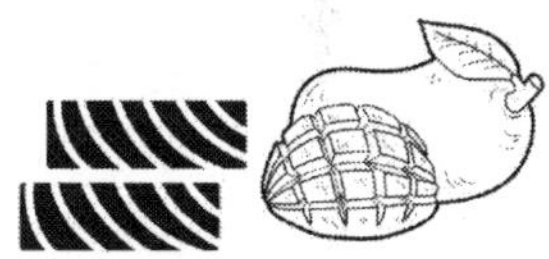

4.3.5 Lachs-Mango Sashimi

Für 4 Portionen
Zubereitungszeit: 20 Min.
Schwierigkeit: leicht

Zutaten:

500 g Lachsfilet in Sashimi-Qualität
½ Granatapfel
4 Stiele Dill
1 reife Mango
2 EL Limettensaft

Zubereitung:

1. Granatapfel aufschneiden und die Kerne herauslösen. Dill waschen und gut trockenschütteln, fein hacken. Mango schälen und das Fruchtfleisch in schmalen Spalten schneiden.

2. Lachsfilet in feine Scheiben schneiden, dabei auf Gräten kontrollieren.

3. Lachsscheiben und Mango optisch dekorativ auf Tellern anrichten. Mit Limettensaft beträufeln, mit Granatkernen und Dill bestreuen und servieren.

4.3.6 Sashimi aus Jakobsmuscheln

Für 4 Portionen
Zubereitungszeit: 20 Min.
Schwierigkeit: leicht

Zutaten:

6 lebende Jakobsmuscheln
1 TL Limettensaft

Zubereitung:

1. Muscheln aufbrechen und das Fleisch herauslösen. Unter fließendem Wasser abspülen und gut trocken tupfen. Mit scharfer Klinge horizontal je 4 dünne Scheiben schneiden.

2. Die Scheiben auf einem Teller appetitlich anordnen und garnieren. Zum Schluss mit Limettensaft beträufeln.

4.3.7 Doraden-Filet Sashimi

Für 4 Portionen
Zubereitungszeit: 20 Min.
Schwierigkeit: leicht

Zutaten:

2 Doraden in Sushi-Qualität
400 g Wok Gemüse (TK)
80 g braune Champignons
80 g Sojasprossen
Sashimi Sojasoße
Reisessig
1 Pkg Tom-Yum-Paste
Ingwer

Zubereitung:

1. Doraden filetieren und in kleine Stücke schneiden. Mit Reisessig und Sojasoße marinieren. Tom-Yum-Paste nach Angabe in heißem Wasser auflösen.

2. Asia Gemüse anbraten, mit kleingeschnittenen Pilzen und Sojasprossen mischen. In kleine Schalen verteilen.

3. Marinierten Fisch darauflegen und mit heißer Brühe übergießen. Mit gehacktem Ingwer bestreuen.

4.3.8 Sashimi mit Tamagoyaki

Für 5 Portionen
Zubereitungszeit: 45 Min.
Schwierigkeit: mittel

Zutaten:

250 g Thunfisch
250 g Lachs frisch
Für Tamagoyaki:
10 Eier
1 TL Dashi
3 TL Zucker
2 Prise Salz
3 EL Sojasoße
1 Pkg Rettich
1 Pkg Wasabi
1 Schuss
Öl

Zubereitung:

1. Tunfisch und Lachs in dünne Scheiben schneiden und auf dem Teller anrichten.

2. Dashi nach Herstellerangaben für 0,1 Liter Wasser zubereiten. Eier mit Dashi, Zucker, Salz und Sojasoße verquirlen. Öl in eine Pfanne, den "Eierteig" dünn dazu geben. Wenn die Masse stockt, zu einer Seite zusammenfalten. Danach sofort wieder Eierteig nachgießen und das Omelette anheben, so dass neue Masse darunter fließen kann.

3. Ca. 5- bis 6-mal wiederholen, bis ein dickes Omelette entstanden ist. Aus der Pfanne nehmen und sofort mit einer Bambusrolle zusammenrollen. Ca. 3 bis 5 Minuten abkühlen lassen. Die Matte entfernen und die so entstandene Rolle quer in mundgerechte Häppchen schneiden. Zum Sashimi anrichten und mit Sojasoße servieren.

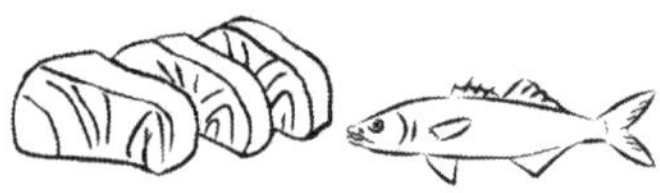

4.3.9 Dorsch Sashimi

Für 5 Portionen
Zubereitungszeit: 70 Min.
Schwierigkeit: leicht

Zutaten:

4 Dorschfilets Sushi-Qualität
4 Tomaten
4 Limetten
Salz, Pfeffer
80 ml Sushi Sashimi Soße

Zubereitung:

1. Fischfilet und Tomaten in feine Scheiben schneiden. Alles salzen, ½ Limette auspressen, den Saft über Fisch und Tomate, andere Hälfte zum Sashimi.

2. Durch die Limettensaftsäure gart der Fisch, ca. 1 Std. kühl stellen. Dann auf Tellern anrichten, Soße in Schälchen füllen.

4.3.10 Sashimi mit Chirizu

Für 4 Portionen
Zubereitungszeit: 15 Min.
Schwierigkeit: leicht

Zutaten:

Roher Fisch nach Belieben
2 EL Sake
80 ml Sojasoße
80 ml Zitronensaft
125 g Meerrettich
100 g Schalottenwürfel
Pfeffer

Zubereitung:

1. Sake im Topf erwärmen und vom Herd nehmen. In eine Schüssel füllen und Meerrettich hineinreiben, Schalottenwürfel zugeben und umrühren. Sojasoße unterrühren, mit Zitronensaft und Pfeffer abschmecken.

2. Fisch in hauchdünne Scheiben schneiden – es kann auch geräucherter Fisch verwendet werden – und auf Tellern anrichten. Die Chirizu als Dip dazu servieren.

4.3.11 Heilbutt Sashimi

Für 4 Portionen
Zubereitungszeit: 15 Min.
Schwierigkeit: leicht

Zutaten:

4 Heilbuttfilets
4 Knoblauchzehen
2 Limetten
8 Scheiben Coppa Schinken
80 g Butter
Currypulver
Salz, Pfeffer

Zubereitung:

1. Heilbutt in sehr dünne Scheiben schneiden und salzen und pfeffern.

2. Butter in der Pfanne zerlassen, in Streifen geschnittener Coppa anbraten. Gehackten Knoblauch zufügen, Saft und Limettenabrieb unterrühren, mit Currypulver verfeinern. 3. Über den Heilbutt Sashimis verteilen.

4.3.12 Thunfisch-Sashimi in Gewürzkruste mit gegrillter Ananas

Für 4 Portionen
Zubereitungszeit: 30 Min.
Schwierigkeit: mittel

Zutaten:

300 g Thunfisch, Sushi Qualität
3 EL bunte Pfefferkörner
1 EL Sesam schwarz + weiß, geröstet
2 St Kardamomkapseln
1 Bund Koriander
1 TL Raz el Hanout Gewürz
1 Pr Kumin
½ TL Meersalz
Etwas Hummeröl
1 frische Ananas

Für die Currymayonnaise:

2 EL Mayonnaise
½ TL Madrascurry
1 TL Honig
Etwas Kirschwasser
1 TL Ketchup

Zubereitung:

1. Thunfisch zum Block schneiden. Pfeffer und Kardamom mörsern, mit Sesam auf einen Teller geben. Koriander zupfen und hacken. Thunfisch mit Salz, Raz el Hanout und Kumin würzen, in Pfeffer wälzen.

2. Mit Hummeröl beträufeln, in Folie einschlagen, ½ Std. kühlen. Ananas schälen und in gleichmäßige Scheiben schneiden, in der Pfanne grillen.

3. Mayonnaise, Madrascurry, Honig, Ketchup und Kirschwasser verrühren, salzen und pfeffern. Thunfisch von allen Seiten anbraten, fein aufschneiden und sofort mit der Currymayonnaise servieren.

5. Klassische Maki Sushi

Maki-Sushi sind unter den vielen Varianten die klassischen Sushi-Röllchen. Sie bestehen aus Reis, Algenblatt, Fisch und Gemüse. Maki-Sushi können das Algenblatt als äußere Hülle haben, dann heißen sie *Hoso-Maki.* Liegt das Algenblatt (Nori) innen, heißen die Sushis *Ura-Maki*, auch *Inside-Out* oder *California-Rolls*. Traditionell werden sie in Japan aus Lachs, Thunfisch oder Aal angefertigt.

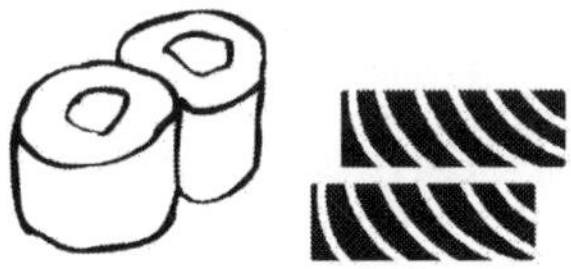

5.1 Maki-Sushi mit Lachs und Ingwer

Für 4 Portionen
Zubereitungszeit: 45 Min.
Schwierigkeit: mittel

Zutaten:

70 g Lachsfilet, frisch, ganz
2 Nori-Blätter
500 g gekochter Reis
100 ml Reisessig
65 g Zucker
30 g Salz
Wasabi
Eingelegter Ingwer
Sojasoße

Zubereitung:

1. Reis wie unter 3.2. beschrieben zubereiten. Fisch in feine Stifte schneiden. Ein halbes Nori-Blatt auf die Bambusmatte legen und Reis darauf verteilen.
2. Mittig etwas Wasabi verstreichen und mit Lachs belegen. Mithilfe der Bambusmatte einrollen und mit einem scharfen Messer in 6 Stücke schneiden.
3. Auf einer Platte anrichten, mit Ingwer, Wasabi und Sojasoße servieren.

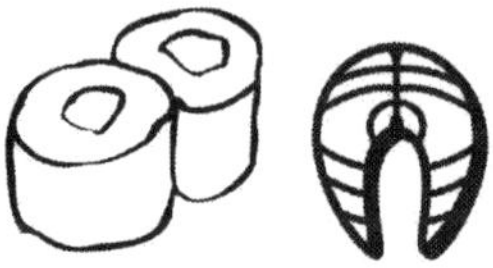

5.2 Maki-Sushi mit Thunfisch

Für 4 Portionen
Zubereitungszeit: 30 Min.
Schwierigkeit: mittel

Zutaten:

100 g frischer Thunfisch
100 g Salatgurke
4 EL Reisessig
1 TL Wasabipaste
6 Noriblätter
400 g Sushi-Reis gekocht

Zubereitung:

1. Reis wie unter 3.2. beschrieben zubereiten. Salatgurke schälen, in feine Stifte schneiden. In der Mitte der Reisfläche portionsweise verteilen, zuvor einen Streifen Wasabipaste auf den Reis geben.

2. Thunfisch schräg in feine Scheiben schneiden und über die Gurkenstifte legen.

3. Mit Hilfe der Bambusrolle die Maki-Rolle zusammenrollen und kaltstellen. Vor dem Servieren schräg in 4 gleich große Stücke schneiden.

5.3 Gemüse-Maki

Für 4 Portionen
Zubereitungszeit: 20 Min.
Schwierigkeit: leicht

Zutaten:

2 Noriblätter
½ Tasse Sushi-Reis
1 Prise Zucker und Salz
2 EL Essig
1 Karotte
1 Avocado
1 Paprika

Zubereitung:

1. Reis wie unter 3.2. beschrieben zubereiten.

2. Gemüse waschen und in Streifen schneiden. Reis ca. einen halben Zentimeter hoch auf ein Noriblatt legen, das zuvor auf der

Bambusrolle ausgebreitet wurde.

3. Gemüse mittig anordnen und einrollen. Die Noriblätter am Ende mit Wasser verkleben, Maki-Sushi kaltstellen und in vier Teile schneiden.

5.4 Maki mit Philadelphia

Für 2 Portionen
Zubereitungszeit: 15 Min.
Schwierigkeit: leicht

Zutaten:

200 g gekochter Sushi-Reis
Reisessig
Frischkäse nach Belieben
1 Stk Lachs
2 Salatgurken
Noriblätter

Zubereitung:

1. Reis wie unter 3.2. beschrieben zubereiten. Lachs in ca. 2-3 cm breite Streifen schneiden, Gurke vierteln, entkernen und in dünne Stifte schneiden.

2. Auf dem Noriblatt den abgekühlten Sushi-Reis verteilen. Den Frischkäse auf der Reismitte verteilen und mit Gurken- und Lachsstreifen belegen.

3. Das Noriblatt vorsichtig zusammenrollen. Mit einem scharfen Messer in mehrere Stücke teilen und anrichten.

5.5 Futo Maki Sushi

Für 2 große Rollen
Zubereitungszeit: 50 Min.
Schwierigkeit: mittel

Zutaten:

240 g gekochter Sushi-Reis
2 Nori-Blätter
1 Mini-Salatgurke
1/4 Möhre
40 g roher Lachs
40 g roher Thunfisch
1/4 Bund Schnittlauch
1/4 Avocado
20 g eingelegte Shiitake Pilze
40 g Omelette aus 3 verquirlten Eiern
Soja Sauce, Wasabi, eingelegter Ingwer

Zubereitung:

1. Reis wie unter 3.2. beschrieben zubereiten. Gurke längs halbieren, entkernen, in feine Streifen schneiden. Möhre schälen, längs in Scheiben und dünne Streifen, Avocado entkernen und in fingerdicke Streifen schneiden.

2. Pilze putzen, fein hacken. Omelette in fingerdicke Streifen schneiden. Lachs und Thunfisch in fingerdicke, lange Streifen schneiden.

3. Pro Sushi-Rolle ein Nori-Blatt auf die Bambusmatte legen. Finger mit Essigwasser befeuchten und eine tennisballgroße Menge Reis mittig aufs Nori-Blatt legen, verteilen.

4. Die Hälfte von Lachs, Thunfisch, Avocado, Omelette, Pilzen, Gurke, Möhre und Schnittlauch im unteren Drittel auf dem Nori-Blatt übereinanderstapeln und mithilfe der Bambusmatte aufrollen. Rolle in gleich große Stücke schneiden. Vorgang mit den restlichen Zutaten wiederholen.

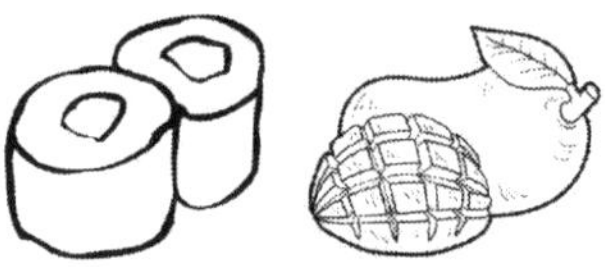

5.6 Avocado-Mango Maki

Für 2 Portionen
Zubereitungszeit: 30 Min.
Schwierigkeit: leicht

Zutaten:

200 g gekochter Sushi-Reis
Reisessig
2 Noriblätter
½ Avocado
½ Mango
1 EL Zitronensaft
Sojasoße und Wasabi-Paste

Zubereitung:

1. Reis wie unter 3.2. beschrieben zubereiten. Mango schälen und mit Avocadofruchtfleisch in dünne Scheiben schneiden.

2. Reis auf dem Noriblatt verteilen und mit dünnem Streifen Wasabi-Paste bestreichen. Mangostreifen und Avocadostreifen mittig auf dem Reis verteilen, dann zu einer Rolle formen, kühlstellen, vor dem Servieren portionieren und mit Sojasoße genießen.

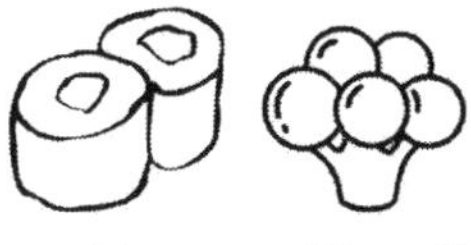

5.7 Low Carb Maki

Für 2-4 Portionen

Zubereitungszeit: 60 Min.
Schwierigkeit: leicht

Zutaten:

150 g Thunfisch
150 g Garnelen
200 g Blumenkohl
200 g Brokkoli
1 Avocado
100 g Gurke
Koriander
Wasabi-Paste
Meerrettichcreme
Sojasoße

Zubereitung:

1. Blumenkohl, Brokkoli dünsten und auf Reiskorngröße hacken. Geschälte Gurke in dünne Streifen schneiden. Avocado halbieren, aus der Schale lösen.

2. Koriander hacken, zusammen mit Avocado und etwas Sojasoße zur Creme verarbeiten. Noriblatt auf Bambusmatte legen, mit Blumenkohlreis belegen, 2/3 mit Meerrettichcreme bestreichen. Hälfte Thunfisch auflegen, mit Wasabi bestreichen und rollen.

3. Mit dem Brokkoli gleich verfahren, jedoch statt Thunfisch Avocado und Garnelen auflegen. Wasabi-Paste darauf verteilen und rollen.

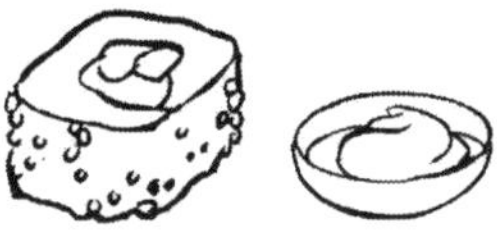

5.8 California Maki

Für 2 Portionen
Zubereitungszeit: 30 Min.
Schwierigkeit: leicht

Zutaten:

200 g gekochter Sushi Reis
80 g Sesam
2 Noriblätter
30 g Salatgurke
½ Avocado
1 EL Zitronensaft
80 g Surimi
Wasabi-Paste
Eingelegter Ingwer, helle Sojasoße

Zubereitung:

1. Sesam leicht anrösten, abkühlen lassen. Noriblätter nacheinander in die heiße Pfanne geben und leicht anrösten. Gurke schälen und in feine lange Streifen schneiden. Avocadofruchtfleisch in feine Streifen schneiden und mit Zitronensaft beträufeln.

2. Algenblatt auf Bambus Matte legen. Hälfte vom Reis darauf verteilen und Rand von 1 cm frei lassen.

3. Gurken, Avocado und Surimi Sticks auf unterem Drittel verteilen, mit Hilfe der Matte fest zusammenrollen. Die Enden der Sushi Rolle andrücken und in Sesam wenden.

4. California Maki Sushi in 6 Stücke schneiden, mit Ingwer und Sojasoße servieren.

5.9 Chili-Thunfisch-Maki

Für 2 Portionen
Zubereitungszeit: 30 Min.
Schwierigkeit: leicht

Zutaten:

200 g gekochter Sushi-Reis
1 Avocado
Thunfisch
Chilisoße
2 EL Mayonnaise
½ TL Reisessig

Zubereitung:

1. Mayonnaise, Chili und Reisessig gut verrühren und 15 Minuten kaltstellen. Noriblatt auf die Bambusmatte legen, Reis darauf verteilen, einen Rand freilassen.

2. Mit der scharfen Mayonnaise bestreifen und Thunfisch darauf verteilen. Rolle herstellen, kaltstellen und in Portionen schneiden.

5.10 Gurke-Dill Maki

Für 2 Portionen
Zubereitungszeit: 30 Min.
Schwierigkeit: leicht

Zutaten:

200 g gekochter Sushi-Reis
3 Noriblätter
3 Scheiben geräucherten Lachs
½ Salatgurke
Wasabi-Paste, Dill, Sesam

Zubereitung:

1. Hühnerbrust ca. 1 Stunde in der Teriyaki-Soße marinieren, dann anbraten. Möhre und Gurke schälen und in dünne Stifte schneiden.

2. Ein Noriblatt auf eine Bambusmatte legen und mit Reis belegen. Am oberen Ende etwa 1 cm frei lassen, hier Wasabi auftragen. Am unteren Ende Lachs auf den Reis legen, etwas Dill

darüberstreuen und einen dünnen Streifen Gurke darauflegen.

3. Nun das Ganze zu einer Rolle formen und in 8 Teile schneiden.

5.11 Maki Sushi Rettich

Für 2 Portionen
Zubereitungszeit: 30 Min.
Schwierigkeit: leicht

Zutaten:

200 g gekochter Sushi-Reis
1 Streifen eingelegter Rettich (Daikon)
1 Nori-Blatt

Zubereitung:

1. Abgekühlten Reis auf einem Nori-Blatt verteilen, mittig den Streifen Rettich auflegen. 2. Zu einer Rolle formen und in 4 Makis schneiden. Mit eingelegtem Ingwer servieren.

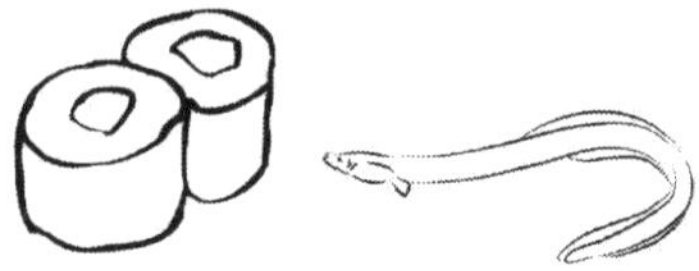

5.12 Unagi Maki mit Süßwasser-Aal

Für 2 Portionen
Zubereitungszeit: 30 Min.
Schwierigkeit: leicht

Zutaten:

200 g gekochter Sushi-Reis
2 Nori Blätter
3 EL Sesam
1 Unagi Aal
Teriyaki Soße
Wasabi
Ingwer

Zubereitung:

1. Vom Aal die Haut abziehen und den Fisch in schmale Streifen schneiden.

2. Noriblatt auf die Bambusmatte legen und den Reis darauf verteilen. In der Mitte einen Streifen Sesam verteilen und Teriyaki Soße darüber geben. Darauf die Aal-Streifen verteilen und die Maki-Rolle formen.

3. Anschließend in 6 Stücke schneiden, mit Wasabi und Ingwer anrichten und genießen.

6. Nigiri-Sushi

Bei Nigiri-Sushi wird der Reis nicht eingerollt, sondern lediglich mit den weiteren Zutaten belegt. Da der Sushi-Reis durch die Feuchtigkeit schön zusammenklebt, kann das Nigiri-Sushi von Hand geformt werden.

6.1 Nigiri-Sushi mit Räucherlachs

Für 2 Portionen
Zubereitungszeit: 20 Min.
Schwierigkeit: leicht

Zutaten:

200 g Sushi-Reis
1 Nori-Blatt
100 g geräucherter Lachs
2 EL Reisessig
Sojasoße

Zubereitung:

1. Reis wie unter 3.2. beschrieben zubereiten.
2. Den Lachs in breite und die Algenblätter in schmale Streifen schneiden.
3. Mit feuchten Fingern zwei Kugeln Reis zu einem länglichen Stück formen. Anschließend mit Lachs belegen und mit einem Algenstreifen umwickeln. Auf einer Platte anrichten und mit Sojasoße servieren.

6.2 Nigiri-Sushi mit frischem Lachs

Für 5 Portionen
Zubereitungszeit: 40 Min.
Schwierigkeit: leicht

Zutaten:

200 g Sushi Reis
1 ½ TL Salz
6 EL Reisessig
4 TL Zucker
1 L Wasser
500 g Lachs in Sushi-Qualität
1 EL Wasabi

Zubereitung:

1. Reis wie unter 3.2. beschrieben zubereiten. Mit feuchten Händen ovale mundgerechte Portionen formen. Das Lachsfilet in feine, 2 x 5 cm große Stücke schneiden, etwas größer als die Reisportion.

2. Lachs mit Wasabi bestreichen und mit dieser Seite auf den Reis legen. Auf eine Platte legen und alles mit feinen Frühlingszwiebelröllchen garnieren. Dazu sollte eine Sojasoße nicht fehlen.

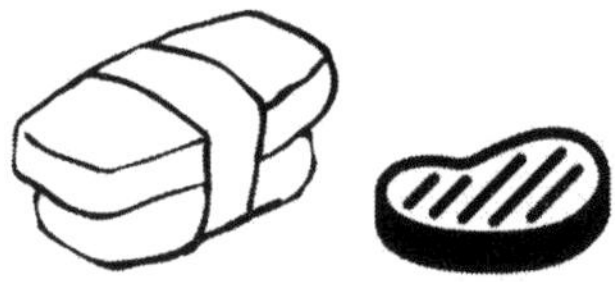

6.3 Nigiri-Sushi mit Rinderfilet

Für 8 Portionen
Zubereitungszeit:
40-60 Min.
Schwierigkeit: leicht

Zutaten:

200 g Rinderfilet
Salz, Pfeffer
1 EL Öl zum Braten
1 TL Butter
1 TL Wasabipaste
Essigwasser
125 g Sushi-Reis
1 ½ EL Reisessig
1 EL Zucker
½ TL Salz

Zubereitung:

1. Reis wie unter 3.2. beschrieben zubereiten. Das Rinderfilet trocken tupfen und von beiden Seiten salzen und pfeffern. Öl und Butter in der Pfanne erhitzen, Filet darin von beiden Seiten scharf anbraten. Von jeder Seite noch je gut 1 ½ Minuten braten und aus der Pfanne nehmen.

2. Hände befeuchten und Reis zu 8 länglichen Klößchen formen. Abgekühltes Filet schräg in 8 Scheiben schneiden. Auf jedes Reisklößchen kommt ein Stück Filet, die Unterseite vom Fleisch zuvor mit Wasabipaste einstreichen. Auf einer Platte anrichten und garnieren.

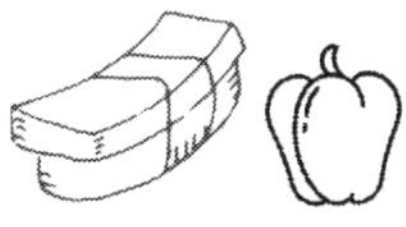

6.4 Tofu-Paprika-Nigiri

Für 2 Portionen
Zubereitungszeit: 30 Min.
Schwierigkeit: leicht

Zutaten:

200 g gekochter Sushi-Reis
Reisessig
Seetang
1 grüne Paprikaschote
½ Knoblauchzehe
2 EL Erdnussöl
120 g Tofu
2 TL Sojasoße

Zubereitung:

1. Paprika putzen, waschen und in dünne Streifen schneiden. Knoblauch abziehen und fein hacken. Öl in einer Pfanne erhitzen, Knoblauch und Paprika anbraten.

2. Tofu in 8 Scheiben schneiden und im restlichen Öl anbraten, mit der Sojasauce ablöschen, abkühlen lassen.

3. 8 Nigiri formen und jeweils mit einer Scheibe Tofu und einem Streifen Paprika belegen. Aus dem Seetangblatt acht schmale Streifen schneiden und die Nigiri-Sushi damit umwickeln.

6.5 Nigiri Sushi mit Garnelen

Für 2 Portionen
Zubereitungszeit: 30 Min.
Schwierigkeit: leicht

Zutaten:

200 g gekochter Sushi-Reis
Reisessig
8 Garnelen
2 TL Meerrettich
2 EL Essig
2 TL Reiswein
Salz, Sojasoße
Eingelegter Ingwer

Zubereitung:

1. Garnelenschwänze waschen und bei schwacher Hitze in siedendem Salzwasser 4 bis 5 Minuten garen, in Eiswasser abschrecken.

2. Garnelen auslösen und säubern, in Reisessig und Reiswein wenden und 2 Min. ziehen lassen.

3. Aus Sushi-Reis längliche Klößchen formen, oben leicht flach drücken. Garnelen auflegen und andrücken. Mit Sojasoße, Meerrettich und eingelegtem Ingwer servieren.

6.6 Avocado Nigiri mit Beeren

Für 2 Portionen
Zubereitungszeit: 30 Min.
Schwierigkeit: leicht

Zutaten:

300 g gekochter Sushi-Reis
70 g Salz
280 g Wasser
180 g Zucker
1 Avocado
½ TL Zitronensaft
1 TL Wasabi
80 g Himbeeren,
Brombeeren

Zubereitung:

1. Avocadofruchtfleisch längs in 8 Streifen schneiden, mit Zitronensaft beträufeln.

2. Pro Portion ein längliches Klößchen formen und oben etwas abflachen. Ein bisschen Wasabi aufstreichen, mit Avocado belegen und mit Beeren garnieren.

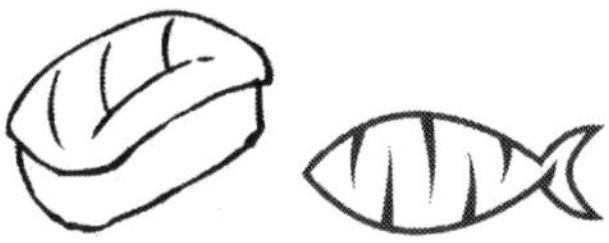

6.7 Nigiri mit Räucherfisch

Für 2 Portionen
Zubereitungszeit: 40 Min.
Schwierigkeit: leicht

Zutaten:

200 g gekochter Sushi-Reis
Sushi-Zu
Wasabipaste
Makrelenfilets geräuchert
Forellenfilets geräuchert
Japanisches Omelette (s. Rezept 4.3.8)
Sojasoße
Eingelegter Ingwer

Zubereitung:

1. Aus dem Reis portionsweise längliche Klößchen formen, oben abflachen und mit Räucherfisch belegen, der von der Unterseite mit Wasabi eingestrichen wurde.

2. Beim Omelett ebenso verfahren. Alles anrichten, mit Ingwer verzieren und Sojasoße servieren.

6.8 Steak-Nigiri mit Senf-Wasabi-Paste

Für 12 Stück
Zubereitungszeit: 60 Min.
Schwierigkeit: leicht

Zutaten:

150 g Perlgraupen
150 ml Wasser
½TL Salz
1 EL Petersilie, sehr fein gehackt
1 EL Schnittlauch, sehr fein gehackt

1 EL Kartoffelmehl
100 g Filetsteak vom Rind
1 EL Rapsöl zum Braten
½ TL Senf
1 TL Crème fraîche
1 TL Wasabi
1 EL Butter zum Braten
80 g Kürbiskerne, geschält
8 EL Rapsöl, kaltgepresst
3 Zweige Petersilie
1 TL Rheinisches Rübenkraut
Salz, Pfeffer

Zubereitung:

1. Graupen ca. 15 Minuten in gesalzenem Wasser garen. Petersilie und Schnittlauch unter die fertigen Graupen mischen, mit Kartoffelmehl binden und abkühlen lassen.

2. Kürbiskerne in einer Pfanne anrösten, mit Olivenöl, Petersilie und Rübenkraut mit dem Pürierstab zu einer dickflüssigen Soße verarbeiten. Mit Salz und Pfeffer abschmecken.

3. Steaks in wenig Fett scharf anbraten, im Backofen bei 70 Grad ca. 10 Minuten ruhenlassen. In ca. 1 cm dicke Streifen schneiden (je 6 Streifen), innen sollten sie rosa sein.

4. Graupen zu 12 ovalen Bällchen formen. Fleischstücke auf den Graupenbällchen platzieren etwas andrücken. Mit Salz und Pfeffer aus der Mühle würzen.

5. Senf, Crème fraîche und Wasabi-Paste verrühren und auf jedes Stück Rindfleisch geben. Kürbiskern-Dipp dazu reichen.

6.9 Entenbrust-Nigiri mit Preiselbeeren

Für 12 Stück
Zubereitungszeit: 60 Min.
Schwierigkeit: leicht

Zutaten:

150 g Perlgraupen
150 ml Wasser
½ TL Salz
1 EL Petersilie, fein gehackt
1 EL Schnittlauch, fein gehackt
1 EL Kartoffelmehl
100 g Entenbrustfilet
1 EL Rapsöl zum Braten
2 TL Preiselbeer-Konfitüre
½ TL Senf
1 EL Butter zum Braten
80 g Kürbiskerne, geschält
8 EL Rapsöl, kaltgepresst
3 Zweige Petersilie
1 TL Rheinisches Rübenkraut
Salz, Pfeffer

Zubereitung:

1. Graupen ca. 15 Minuten in gesalzenem Wasser garen. Petersilie und Schnittlauch unter die fertigen Graupen mischen, mit Kartoffelmehl binden und abkühlen lassen.

2. Kürbiskerne in einer Pfanne anrösten, zusammen mit Olivenöl, Petersilie und Rübenkraut mit dem Pürierstab zu einer dickflüssigen Soße verarbeiten. Wenn nötig, etwas mehr Öl zufügen. Mit Salz und Pfeffer abschmecken.

3. Entenbrust in wenig Fett scharf anbraten, im Backofen bei 70 Grad ca. 10 Minuten ruhen lassen. In ca. 1 cm dicke Streifen schneiden (je 6 Streifen), innen sollten sie rosa sein.

4. Die Graupen zu 12 ovalen Bällchen formen. Fleischstücke auf den Graupenbällchen platzieren etwas andrücken. Mit Salz und Pfeffer aus der Mühle würzen und einem Klecks Preiselbeer-Konfitüre garnieren.

6.10 Nigiri-Sushi-Sardine

Für 4 Portionen
Zubereitungszeit: 30 Min.
Schwierigkeit: mittel

Zutaten:

200 g gekochter Sushi-Reis
Sushi-Zu
Wasabipaste
200 g Sardinen
Sojasoße
Eingelegter Ingwer
1 Limette

Zubereitung:

1. Aus dem Reis portionsweise längliche Klößchen formen, oben abflachen.
2. Wasabipaste darauf geben und mit Sardinenfilet belegen. Auf einem Teller anrichten, mit Limettenspalten garnieren.

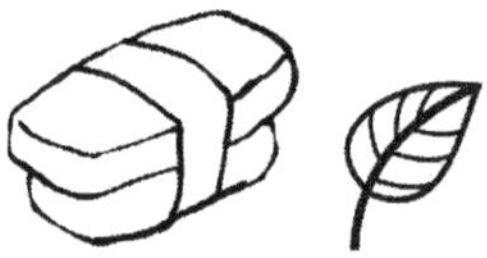

6.11 Tofu Nigiri

Für 4 Portionen
Zubereitungszeit: 30 Min.
Schwierigkeit: mittel

Zutaten:

200 g gekochter Sushi-Reis
Sushi-Zu
150 g Tofu

Marinade aus:

3 EL Sojasoße
1 EL Balsamico-Essig
1 EL Erdnussmus
1 TL Senf
1 TL Paprikapulver
1 Spritzer Zitronensaft
1 EL Ahornsirup
2 EL Wasser
Salz, Pfeffer

Zubereitung:

1. Marinade zubereiten, den in 1x1 cm Scheiben geschnittenen Tofu darin einlegen und ca. 2 Std. ziehen lassen.
2. Herausnehmen, kurz anbraten und auf die vorgefertigten Nigiri auflegen.

6.12 Rosa Nigiri Sushi mit Gemüse

Für 4 Portionen
Zubereitungszeit: 30 Min.
Schwierigkeit: mittel

Zutaten:

200 g gekochter Sushi-Reis
Sushi-Zu
1 kl. Rote Bete
1 TL Sojasoße
1-2 kleine Karotten
2 TL Sesam
Wasabipaste
1 TL Miso
1 EL Mirin

Zubereitung:

1. Rote Bete in ca. 5 mm Stifte schneiden, mit 1 TL Sojasoße mischen und ziehen lassen. Karotten in ca. 5 mm dicke Scheiben schneiden. Miso, Reisessig und Mirin mischen, Karottenstreifen darin einlegen und ziehen lassen.

2. Aus dem Reis Nigiri Sushi formen, oben abflachen und dekorativ mit Gemüse belegen. Mit Sojasoße und Wasabi servieren.

7. Sushi-Bowl

Die Sushi-Bowl ist eine Bereicherung für Sushi-Liebhaber, jetzt kann Sushi noch schneller genossen werden, denn filigrane Rollarbeiten entfallen.

7.1 Vegetarische Sushi Bowl

Für 2 Portionen
Zubereitungszeit: 20 Min.
Schwierigkeit: leicht

Zutaten:

200 g Sushi Reis
150 g Räuchertofu
½ Salatgurke
1 Karotte
1 Avocado
2-3 Nori-Blätter
3-4 EL Reisessig
1 EL Limettensaft
2 EL eingelegter Ingwer
2 TL Wasabi Paste
2 EL Sesam geröstet
Sojasoße
Etwas Erdnussöl

Zubereitung:

1. Reis wie unter 3.2. beschrieben zubereiten. Avocadofruchtfleisch in feine Streifen schneiden und mit etwas Limettensaft beträufeln.

2. Salatgurke waschen, entkernen und würfeln. Karotte schälen und mit dem Sparschäler dünne Streifen abhobeln. Noriblätter in feine Streifen schneiden.

3. Räuchertofu in dicke Stifte schneiden und in etwas Erdnussöl anbraten.

4. Abgekühlten Reis in Bowls aufteilen und mit den Zutaten garnieren. Ingwer und Wasabipaste dazugeben, mit geröstetem Sesam bestreuen. Die Sojasoße dazu servieren.

7.2 Feurige Sushi Bowl mit Lachs

Für 4 Portionen
Zubereitungszeit: 25 Min.
Schwierigkeit: leicht

Zutaten:

450 g frischer Lachs
60 ml Sojasoße
1 TL Reisessig
3 EL Sriracha
1 TL Sesamöl
300 g Sushi Reis
2 EL Joghurt
3 Frühlingszwiebel
1 Bund Radieschen
1 Avocado
2 Minigurken
200 g Wakame-Algen-Salat
300 g Sushi Reis

Zubereitung:

1. Reis wie unter 3.2. beschrieben zubereiten. Sesamöl, Sojasoße und 1 TL Sriracha mit dem Lachs mischen und kaltstellen.

2. Gurken und Radieschen in feine Scheiben hobeln, das Avocado-Fruchtfleisch fein würfeln. Frühlingszwiebel in feine Ringe schneiden.

3. Für die Sriracha-Soße die restliche Sriracha mit dem Joghurt verrühren. Den abgekühlten Reis in Bowls geben und mit den weiteren Zutaten belegen. Darauf die Sriracha-Soße träufeln und genießen.

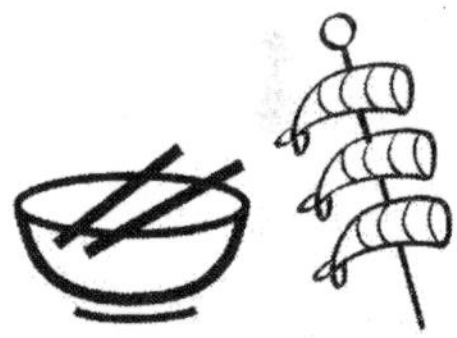

7.3 Sushi-Bowl mit Garnelen und Mango

Für 2 Portionen
Zubereitungszeit: 25 Min.
Schwierigkeit: leicht

Zutaten:

200 g Sushi-Reis
300 g geschälte Garnelen
4 Limetten
1 Mango
1/2 Avocado
1 Salatkopf
6 Esslöffel Sojasauce
4 Esslöffel Sesampaste

(Tahina)
1 Teelöffel Zucker
2 Frühlingszwiebeln
4 Esslöffel Wakame-Algen-Salat
Eingelegter Ingwer
Reisessig
Sesam
Koriander

Zubereitung:

1. Reis wie unter 3.2. beschrieben zubereiten. Salat waschen, in kleinere Stücke reißen und abtropfen lassen. Limettenschale abreiben und Limetten auspressen.

2. Sojasauce, Sesampaste, Limettenschale, Saft und Zucker im kleinen Topf zum Kochen bringen. Etwa 5 Minuten mit einem Schneebesen rühren, bis sich die Sauce verbindet und etwas eindickt. Abkühlen lassen.

3. Mango schälen und würfeln. Frühlingszwiebeln in Ringe schneiden. Avocado-Fruchtfleisch würfeln.

4. Garnelen in etwas Öl ca. 1 Minute von jeder Seite anbraten und in die Sauce legen.

5. Reis und Salat in der Schüssel verteilen. Darüber Mango, Avocado, Wakame und Garnelen mit Sauce geben, mit Frühlingszwiebeln, eingelegtem Ingwer, Sesam und Korianderblättern garnieren.

7.4 Sushi-Bowl mit Avocado und Thunfisch

Für 4 Portionen
Zubereitungszeit: 25 Min.
Schwierigkeit: leicht

Zutaten:

300 g Sushi-Reis
600 g roher Thunfisch in Sushi-Qualität
3 TL Sojasoße
Etwas Chilipaste
2 TL Sesamöl
1 EL Reisweinessig
1 Stück Ingwer, 1 cm
2 Knoblauchzehen
2 Frühlingszwiebeln

3 Möhren
2 Avocado
1 Bund Koriander
Sesam ungeröstet

Zubereitung:

1. Reis wie unter 3.2. beschrieben zubereiten. Thunfisch in 2 cm breite Würfel schneiden. Aus Sojasauce, Sesamöl, Ingwer, Teil der Frühlingszwiebel, Knoblauch und Essig eine Marinade herstellen. Chilipaste nach Belieben einrühren.

2. Ingwer und Knoblauch schälen und fein hacken, Möhren schälen und raspeln, Koriander grob hacken.

3. Avocadofruchtfleisch würfeln und mit Limettensaft beträufeln. Jede Bowl mit einem großzügigen Löffel Reis füllen. Möhren, Thunfisch und Avocado darauf anrichten. Mit Sesam und Korianderblättern bestreuen und servieren.

7.5 Vegane Ananas Sushi-Bowl mit Tofu

Für 4 Portionen
Zubereitungszeit: 35 Min.
Schwierigkeit: leicht

Zutaten:

300 g Sushi-Reis
400 g fester Tofu
60 ml Sesamöl
60 ml Sojasauce
2 EL Ananassaft
1 EL Reisessig
1 Stück Ingwer (ca. 1 cm)
1 TL Sesam
¼ TL Chili-Knoblauch-Sauce
1 Bio Limette
200 g Ananas
1 Avocado
150 g Gurke
1 Möhre
70 g Quinoa
1 Chili
Schnittlauch

Zubereitung:

1. Reis wie unter 3.2. beschrieben zubereiten. Ingwer schälen, reiben oder fein hacken.

2. Limette abreiben und auspressen. Ingwer, Limettenschale und Saft mit den restlichen Zutaten der Marinade vermischen. Tofu würfeln und hinzugeben und mindestens 5 Minuten ziehen lassen.

3. Ananas schälen und das Fruchtfleisch hacken. Avocado-Fruchtfleisch in feine Scheibchen schneiden, mit Limettensaft beträufeln. Möhre schälen und raspeln, Chili in feine Streifen, Schnittlauch in kleine Röllchen schneiden.

4. Abgekühlten Reis in Bowls aufteilen und mit Tofu, Ananas, Gurke und Möhre belegen. Restliche Marinade darüber geben. Mit Schnittlauch, Chili und Sesam bestreuen und servieren.

7.6 Cremige Sushi Bowl mit Lachs

Für 4 Portionen
Zubereitungszeit: 35 Min.
Schwierigkeit: leicht

Zutaten:

300 g Reis
500 g Lachsfilet
3 Frühlingszwiebel
2 Minigurken
120 ml Reisessig
120 ml Wasser
80 ml Honig
1 TL Salz
½ TL Chiliflocken

Für die Crème:

80 g Mayonnaise
½ TL Mirin
3 TL Sriracha
1 St. Ingwer
1 ½ TL Sojasoße
¼ TL Zucker
½ TL Salz
¼ TL Pfeffer

Zubereitung:

1. Reis wie unter 3.2. beschrieben zubereiten. Zutaten für die Creme verrühren. Frühlingszwiebel in Ringe schneiden, Lachs würfeln und mit 2 EL Creme verrühren.

2. Essig, Wasser, Honig, Salz, Chiliflocken kurz erhitzen und in Scheiben geschnittene Gurken dazugeben, abkühlen lassen und kaltstellen.

3. Reis auf Schüsseln verteilen, Lachs und eingelegte Gurken hinzufügen. Mit Frühlingszwiebeln und Creme servieren.

7.7 Sushi Bowl Surimi Avocado

Für 4 Portionen:
Zubereitungszeit: 35 Min.
Schwierigkeit: leicht

Zutaten:

300 g Reis
1 Avocado
12 Stück Surimi
1 TL schwarzer Sesam
1 TL weißer Sesam
1 Nori-Blatt
2 Frühlingszwiebel
2 Gurken
Mayonnaise
Sriracha Soße

Zubereitung:

1. Reis wie unter 3.2. beschrieben zubereiten. Avocado-Fruchtfleisch in feine Scheiben schneiden. Reis in Schüsseln verteilen, mit Surimi und Avocado und Gurken belegen.

2. Mit der Soße feine Linien über den Reis ziehen und mit Sesamkörnern garnieren.

7.8 Sushi Bowl Teriyaki Hähnchen mit Paksoi

Für 4 Portionen
Zubereitungszeit: 35 Min.
Schwierigkeit: leicht

Zutaten:

400 g Reis
4 EL Reisessig
4 EL Weißweinessig
65 g Zucker
1 Gurke
2 Avocados
350 g Hähnchenfilet
400 g Brokkoli
500 g Baby Pak Choi
Prise Salz
1 Knoblauchzehe
1 Sternanis
150 ml Hühnerbrühe
320 g Edamame Bohnen
Sesamkörner
Teriyakisoße, 50 ml Sojasoße, 50 ml Wasser
2 TL Sesamöl

Zubereitung:

1. Reis wie unter 3.2. beschrieben zubereiten. Edamame Bohnen abspülen, Gurke längs in dünne Scheiben schneiden. Avocadofruchtfleisch in Scheiben schneiden.

2. Teriyaki Soße mit Sojasoße und Wasser erhitzen, abkühlen lassen und Sesamöl zugeben. Hähnchenfilet damit marinieren, in der Pfanne braten, herausnehmen und abkühlen lassen.

3. Brokkoli in Röschen schneiden, Baby Pak Choi waschen, Knoblauch in Scheiben schneiden. Gemüse 4 Minuten dünsten, mit Brühe und Sternanis ablöschen und leicht köcheln lassen. Hähnchen in Scheiben schneiden.

4. Reis auf Schüsseln verteilen, mit den Gemüsen und dem Hähnchen dekorativ belegen. Mit Edamame Bohnen bestreuen und Sesam garnieren.

7.9 Keto Sushi Bowl

Für 2 Portionen
Zubereitungszeit: 20 Min.
Schwierigkeit: leicht

Zutaten:

300 g Reis
Reiswürze
½ Tasse geräucherter Lachs
¼ Tasse gewürfelte Gurke
½ Tasse Avocado
½ Tasse geschnittene Paprika rot oder gelb
2 Algenblätter
Sojasoße
Salz, Pfeffer
Sriracha Mayo
(aus Soße und Mayonnaise)

Zubereitung:

1. Reis wie unter 3.2. beschrieben zubereiten. Räucherlachs, Gurke, Avocado, Paprika und Algen in gewünschter Menge oben auflegen.
2. Die zubereitete Sriracha-Mayonnaise nach Belieben darauf verteilen. Mit Sojasoße servieren.

7.10 Brown Rice Sushi Bowl

Für 6 Portionen
Zubereitungszeit: 20 Min.
Schwierigkeit: leicht

Zutaten:

2 Nori-Blätter
200 g extra fester Tofu
Abrieb und Saft von einer Orange
2 EL brauner Zucker
2 EL Sojasoße
4 Tassen gekochter brauner Reis
4 Frühlingszwiebel
1 Avocado
3 EL Sesamkörner geröstet

Zubereitung:

1. Nori in der Pfanne kurz rösten, klein hacken. Tofu abtropfen lassen und abtrocknen, dann in dicke Stifte schneiden. In einer heißen Pfanne ohne Öl braten, abkühlen lassen. 2. Orangensaft, Zitronensaft und Zucker köcheln, Sojasoße und Zucker hinzufügen und eindicken lassen.

3. Reis auf Schüsseln verteilen, mit geröstetem Nori, Frühlingszwiebel, Tofu, Avocado belegen und mit Sesam bestreuen.

7.11 Sushi Bowl mit gerösteten Kichererbsen

Für 6 Portionen
Zubereitungszeit: 20 Min.
Schwierigkeit: leicht

Zutaten:

300 g Sushi Reis
50 g Kichererbsen
150 g Champignons
Reisessig
2 Tomaten
¼ Gurke
Handvoll Rucola
½ P. Räuchertofu
Olivenöl
Salz, Pfeffer
1 TL scharfes Gewürz
1 EL Olivenöl
Salz, Pfeffer
Nori Blätter
Sprossen

Zubereitung:

1. Reis wie unter 3.2. beschrieben zubereiten. Kichererbsen abtropfen lassen, in einer Schale mit dem Öl und den Gewürzen vermengen. Auf einem Backblech bei 180° Grad (Umluft) ca. 30 Min. knusprig backen.

2. Gemüse waschen. Tomaten und Gurke kleinschneiden. Möhre mit einem Sparschäler in breite Streifen schneiden. Pilze putzen und in Olivenöl anbraten. Räuchertofu in Scheiben

schneiden, ebenfalls anbraten.

3. Alle Zutaten in einer Schale anrichten, mit Sprossen & Nori Algen toppen und genießen.

7.12 Sushi Bowl Europa

Für 6 Portionen
Zubereitungszeit: 20 Min.
Schwierigkeit: leicht

Zutaten:

300 g Sushi Reis
Pellkartoffel
2 Avocado
1 Salatgurke
Räucherlachs
Dill
Rucola

Zubereitung:

1. Reis wie unter 3.2. beschrieben zubereiten. Pellkartoffeln klein würfeln, in der Pfanne anrösten.

2. Avocadofruchtfleisch in Scheiben schneiden, Salatgurke vierteln und in dicke Scheiben schneiden. Rucola auslesen und waschen, Dill waschen und trockenschütteln.

3. Reis auf Schüsseln verteilen und die weiteren Zutaten darauf anrichten. Dazu passt eine helle Sojasoße oder Sriracha-Mayonnaise, die schnell selbst hergestellt ist.

8.Gunkan Sushi

Der Begriff *Gunkan* kann mit Schiffchen übersetzt werden. Deswegen haben die meisten Gunkan Sushis auch die Form eines kleinen Bootes. *Gunkan Sushis* werden wie *Nigiri Sushis* mit einer Hülle aus Noriblatt angefertigt. Diese Spezialität wird besonders gerne mit Lachskaviar oder anderen Fischeiern gefüllt und sieht deshalb nicht nur edel aus, sondern ist auch eine besondere Delikatesse.

8.1 Gunkan Sushi-Vielfalt

Für 6 Portionen
Zubereitungszeit: 30 Min.
Schwierigkeit: leicht

Zutaten:

200 g gekochter Sushi-Reis
2 Nori-Blätter
1 TL Wasabi-Tobigo (Fischrogen)
2 TL Lachs-Rogen
30 g roher Lachs
30 g roher Thunfisch
30 g marinierte Makrele
1/2 Jakobsmuschel
1/4 Bund Schnittlauch
Soja Sauce, eingelegter Ingwer, Wasabi

Zubereitung:

1. Nori Blätter in 4 cm lange Streifen schneiden. Thunfisch und Schnittlauch fein hacken und mischen. Lachs, Makrele und Jakobsmuschel ebenfalls fein hacken.
2. Mit befeuchteten Händen ovale Reisbällchen formen, Nori-Streifen darum herum legen.
3. Mit einem Teelöffel den gehackten Lachs, Makrele, Jakobsmuschel, Tobigo und Thunfisch-Schnittlauch-Mischung einfüllen. Mit Sojasoße, eingelegtem Ingwer und Wasabi servieren.

8.2 Gunkan Sushi mit Forellenkaviar

Für 8 Portionen
Zubereitungszeit: 15 Min.
Schwierigkeit: leicht

Zutaten:

1 Nori-Blatt
400 g Sushi-Reis
100 g Forellenkaviar
Wasabi-Paste
Sojasoße

Zubereitung:

1. Noriblatt (ca. 19 x 21 cm) längs in 8 Streifen schneiden. Aus gekochtem Sushi-Reis 8 Kugeln (à ca. 30 g) formen und zu runden Talern von ca. 4 cm Ø flachdrücken.

2. Taler evtl. mit wenig Wasabi-Paste bestreichen. Mit einem Noristreifen so umwickeln, dass es ca. 1 cm übersteht. Die Enden gut andrücken. Sushi mit Forellenkaviar füllen. Mit Wasabi und Sojasoße servieren.

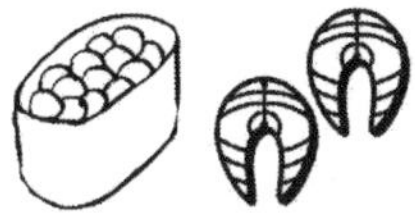

8.3 Gunkan-Sushi mit Thunfischcreme

Für 12 Portionen
Zubereitungszeit: 30 Min.
Schwierigkeit: leicht

Zutaten:

1 Stange Staudensellerie
4 Stängel Petersilie
1 Dose Thunfisch im eigenen Saft (ca. 90 g Abtropfgewicht)
2 EL Mascarpone
1 TL frisch gepresster Zitronensaft
Salz
Pfeffer
3 Nori-Blätter
Essigwasser
600 g Sushi-Reis
1 Stück Kombu ca. 2 x 3 cm
1½ EL Reisessig
1 EL Zucker
½ TL Salz

Zubereitung:

1. Reis wie unter 3.2. beschrieben zubereiten. Selleriestange waschen, putzen und klein würfeln. Petersilie waschen, trockenschütteln und fein hacken. Abgetropften Thunfisch mit einer Gabel fein zerpflücken.

2. Mit Mascarpone und Zitronensaft mischen, salzen und pfeffern. Jedes Nori-Blatt in 4 Streifen (ca. 4 × 13 cm) schneiden. Aus dem Reis 12 länglich-ovale Klößchen formen, jedes mit 1 Nori-Streifen (glatte Seite nach außen) - umwickeln und festkleben.

3. Die Thunfischcreme darauf verteilen und mit feinen Frühlingszwiebelstreifen dekorieren.

8.4 Gunkan mit Safranmuscheln

Für 12 Portionen
Zubereitungszeit: 60 Min.
Schwierigkeit: leicht

Zutaten:

600 g Sushi-Reis
1 Stück Kombu nach Belieben
1½ EL Reisessig
1 EL Zucker
½ TL Salz
500 g Miesmuscheln
2 Schalotten
2 EL Olivenöl
400 ml Fischfond
1 Msp. Safranpulver
3 Nori-Blätter
2 EL Mayonnaise
edelsüßes Paprikapulver

Zubereitung:

1. Reis wie unter 3.2. beschrieben zubereiten. Muscheln in kaltem Wasser gründlich abbürsten, geöffnete Muscheln wegwerfen.

2. Schalotten schälen und würfeln. Öl erhitzen und Schalotten andünsten. Muscheln zugeben und 1 Min. mitbraten.

3. Fischfond angießen, Muscheln zugedeckt bei mittlerer Hitze ca. 8 Min. garen. Abgießen, den Sud auffangen. Noch geschlossene Muscheln wegwerfen, die

übrigen aus der Schale lösen. Safran mit 2 EL heißem Muschelsud verrühren.

4. Jedes Nori-Blatt in 4 Streifen (ca. 4 × 13 cm) schneiden. Mit feuchten Händen aus dem Reis 12 länglich-ovale Klößchen formen. Um jedes 1 Nori-Streifen (glatte Seite nach außen) wickeln.

5. Reis im Algenrand etwas plattdrücken. Mayonnaise mit dem Safransud verrühren und die Muscheln unterheben, auf den Sushis verteilen. Mit Paprikapulver bestäuben.

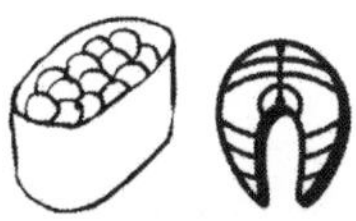

8.5 Gunkan mit Algensalat und Thunfischcreme

Für 12 Portionen
Zubereitungszeit: 60 Min.
Schwierigkeit: leicht

Zutaten:

600 g Sushi-Reis
1½ EL Reisessig
1 EL Zucker
½ TL Salz
Thunfisch, Wasabipaste, Mayonnaise
Schalotten klein gewürfelt
Togarashi Gewürzpulver
Wakame Algensalat
3 Nori-Blätter

Zubereitung:

1. Reis wie unter 3.2. beschrieben zubereiten. Jedes Nori-Blatt in 4 Streifen (ca. 4 × 13 cm) schneiden. Mit feuchten Händen aus dem Reis 12 länglich-ovale Klößchen formen. Um jedes Klößchen 1 Nori-Streifen (glatte Seite nach außen) wickeln.

2. Thunfisch mit Wasabipaste, Mayonnaise und gewürfelten Schalotten mischen und mit Togarashi Gewürz abschmecken.

3. Die Gunkan abwechselnd mit Wakame Algensalat und mit Thunfischcreme belegen. Mit Sojasoße, ein-

gelegtem Ingwer und Wasabi servieren.

8.6 Gunkan mit Steak und Ei

Für 4 Portionen
Zubereitungszeit: 30 Min.
Schwierigkeit: mittel

Zutaten:

300 g Sushi-Reis
1½ EL Reisessig
1 EL Zucker
½ TL Salz
4 Streifen Nori-Blatt
4 Wachteleier
150 g gebratenes Steakfleisch gehackt
2 TL Sojasoße
2 TL Zitronensaft
Natives Olivenöl
Salz, Pfeffer
Schnittlauch gehackt

Zubereitung:

1. Reis wie unter 3.2. beschrieben zubereiten. Nori-Blatt in 4 Streifen (ca. 4 × 13 cm) schneiden. Mit feuchten Händen aus dem Reis 4 länglich-ovale Klößchen formen. Um jedes Klößchen 1 Nori-Streifen (glatte Seite nach außen) wickeln.

2. In einer Schüssel Steakfleisch, Schnittlauch, Sojasoße, Zitronensaft, Olivenöl und Salz mischen. Auf jedes Sushi verteilen. Darauf ein Wachteleigelb legen, mit Meersalz und Schnittlauch bestreuen.

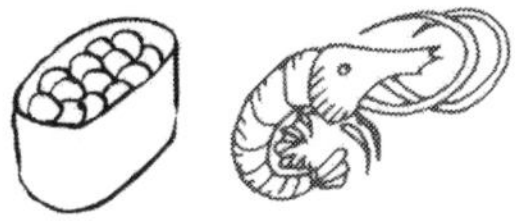

8.7 Garnelen Gunkan

Für 4 Portionen
Zubereitungszeit: 40 Min.
Schwierigkeit: mittel

Zutaten:

300 g Sushi-Reis
1½ EL Reisessig
1 EL Zucker
½ TL Salz
4 Nori-Blätter
100 g Garnelen
1 TL Chilischote
3 TL eingelegten Ingwer
1 EL Schalotte
1 EL Estragon
Limettensaft, Sojasoße,
Wasabi

Zubereitung:

1. Reis wie unter 3.2. beschrieben zubereiten. Jedes Nori-Blatt in 4 Streifen (ca. 4 × 13 cm) schneiden. Chili, Ingwer, Schalotte und Estragon fein hacken. Garnelen in kleine Stücke Schneiden und mit der Chilimischung vermengen. Mit Limettensaft und Salz abschmecken.

2. Mit feuchten Händen aus dem Reis 4 länglich-ovale Klößchen formen. Um jedes Klößchen 1 Nori-Streifen wickeln. Auf jedes Gunkan etwas Garnelenmischung geben, mit Sojasoße und Ingwer servieren.

8.8 Scharfe Gunkan mit Thai Lachstatar

Für 12 Portionen
Zubereitungszeit: 90 Min.
Schwierigkeit: leicht

Zutaten:

150 g Lachsfilet
(ohne Haut)
4 Limettenblätter
½ Knoblauchzehe
1 Stück frischer Ingwer
(ca. 1 cm)
1 Stück frische rote Chilischote (ca. 2 cm)
¼ TL Salz

¼ TL Zucker
2 TL frisch gepresster Limettensaft
2 Msp. frisch geriebene Bio-Limettenschale
3 Nori-Blätter
Essigwasser
125 g Sushi-Reis
1½ EL Reisessig
1 EL Zucker
½ TL Salz

Zubereitung:

1. Reis wie unter 3.2. beschrieben zubereiten. Lachsfilet in ca. 5 mm große Würfelchen schneiden, Limettenblätter waschen, in sehr feine Streifen schneiden.

2. Knoblauch und Ingwer schälen, sehr klein würfeln. Chilischote waschen, halbieren, entkernen und fein hacken. Salz, Zucker, Limettensaft und -schale mischen und zugedeckt im Kühlschrank 2 Std. marinieren.

3. Jedes Noriblatt in 4 Streifen (ca. 4 × 13 cm) schneiden. Die Hände leicht mit Essigwasser befeuchten und aus dem Reis 12 ovale Klößchen formen. Um jedes Klößchen 1 Noristreifen (glatte Seite nach außen) wickeln. Das Lachstatar gleichmäßig auf allen Portionen verteilen.

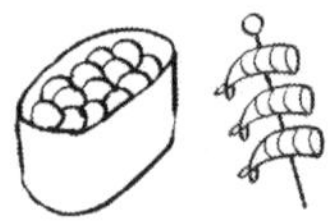

8.9 Gunkan Garnelencocktail

Für 12 Portionen
Zubereitungszeit: 60 Min.
Schwierigkeit: leicht

Zutaten:

150 g gegarte, geschälte Garnelen
2 EL Salatmayonnaise
2 Msp. Tomatenmark
1 TL Ketchup
1 Spritzer Chilisauce
1 TL frisch gepresster Zitronensaft
1 TL Mirin
Salz, Pfeffer
1/2 Beet Kresse
3 Noriblätter
Essigwasser
125 g Sushi-Reis
1½ EL Reisessig
1 EL Zucker
½ TL Salz

Zubereitung:

1. Reis wie unter 3.2. beschrieben zubereiten. Garnelen abspülen und klein schneiden. Mayonnaise, Tomatenmark, Ketchup, Chilisoße, Zitronensaft und Mirin verrühren.

2. Garnelen unterheben, salzen und pfeffern. Kresse abschneiden und unterheben.

3. Ein Noriblatt in 4 Streifen schneiden. 12 längliche Reisklößchen formen und mit einem Streifen Nori umwickeln. Reis nach unten drücken und mit dem Garnelencocktail befüllen. Garnieren und servieren.

8.10 Gunkan mit Rote-Bete-Matjes-Tatar

Für 12 Portionen
Zubereitungszeit: 60 Min.
Schwierigkeit: leicht

Zutaten:

1 kleines Matjesfilet (ca. 120 g)
50 g eingelegte Rote Bete
¼ Bund Schnittlauch
1 ½ EL Joghurt-Mayonnaise
1 TL Zitronensaft
½ TL Wasabipaste
Salz, Pfeffer
3 Noriblätter
Essigwasser
125 g Sushi-Reis
1½ EL Reisessig
1 EL Zucker
½ TL Salz

Zubereitung:

1. Reis wie unter 3.2. beschrieben zubereiten. Matjes kalt abspülen und würfeln. Rote Bete fein hacken. Schnittlauch in Röllchen schneiden, einige Röllchen beiseitelegen.

2. Matjes, Rote Bete und Schnittlauch mit Mayonnaise, Zitronensaft und Wasabipaste vermischen. Salzen und Pfeffern.

3. Jedes Noriblatt in 4 Streifen schneiden. 12 länglich-ovale Reisklößchen

formen, jedes mit 1 Noristreifen umwickeln und den Reis im Algenrand vorsichtig etwas nach unten drücken. Das Matjestatar darauf verteilen. Mit Schnittlauch bestreuen.

9. Temaki Sushi

Temaki Sushi sind förmlich im Handumdrehen fertig hergestellte Sushi-Rollen, denn sie werden von Hand und ohne Bambusmatte gerollt. Klassisch wird eine tütenförmige Sushi-Rolle herstellt, für die ein rechteckiges Nori-Blatt von links unten nach rechts oben gefaltet und anschließend zur Tüte gerollt wird.

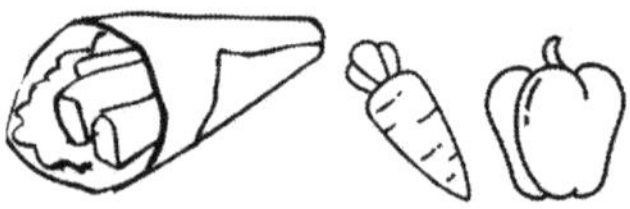

9.1 Bunte Temaki Sushi

Für 20 Portionen
Zubereitungszeit: 45 Min.
Schwierigkeit: leicht

Zutaten:

250 g Sushi-Reis
Salz
Reisessig, Zucker, Salz
Salatgurke
Karotte
Paprikaschote rot und gelb
Feine grüne Bohnen
Avocado
1 TL Zitronensaft
100 g Lachsfilet in Sushi-Qualität
100 g Thunfischfilet in Sushi-Qualität
10 Nori-Blätter
Wasabi-Paste
25 g Forellenkaviar
1 TL Sesam geröstet

Zubereitung:

1. Reis wie unter 3.2. beschrieben zubereiten. Gemüse in dünne Stifte schneiden, Bohnen in Salzwasser garen, kalt abschrecken. Avocado-Fruchtfleisch in Spalten schneiden, mit Zitronensaft beträufeln.

2. Fischfilets in dünne Scheiben schneiden. Jedes Nori-Blatt längs halbieren. Auf die schmale untere Seite 1 EL Reis und 1 Klecks Wasabi-Paste geben, mit Gemüsestiften und Fischscheiben nach Wunsch belegen und andrücken.

3. Das Nori-Blatt mit der Füllung schräg aufrollen. Die Enden anfeuchten und zusammendrücken. Auf diese Weise ca. 20 Rollen anfertigen. Auf die Füllung zum Schluss etwas Forellenkaviar geben und die Temaki-Sushis auf einer Platte anrichten. Sojasoße separat dazu servieren.

9.2 Temaki-Sushi mit Surimi

Für 16 Portionen
Zubereitungszeit: 65 Min.
Schwierigkeit: leicht

Zutaten:

250 g Sushi-Reis
Salz
4 EL Reisessig
8 Nori-Blätter
2 Avocados
3 EL Zitronensaft
8 Surimi (70 g)
Wasabi-Paste
Sojasoße
100 g eingelegter Ingwer

Zubereitung:

1. Reis wie unter 3.2. beschrieben zubereiten. Noriblätter ohne Fett in der Pfanne bei mittlerer Hitze 20 Sekunden anrösten. Mit einer Schere in Rechtecke halbieren.

2. Avocado-Fruchtfleisch in je 4 Spalten schneiden und

mit Zitronensaft beträufeln. Surimi längs halbieren.

3. Ein Nori-Rechteck mit 1 EL Reis belegen, mit feuchten Händen zum linken Rand flach drücken. Etwas Wasabi-Paste aufstreichen, je 1 Stück Avocado und Surimi diagonal auflegen. Linke untere Ecke zur rechten oberen Ecke zusammenklappen und zur Tütenform rollen. Mit Sojasoße und Ingwer servieren.

9.3 Temaki-Sushi Paprika und Forelle

Für 20 Portionen
Zubereitungszeit: 65 Min.
Schwierigkeit: leicht

Zutaten:

250 g Sushi-Reis
Salz
Reisessig
1 El Zucker
je 50 g Gurke, Möhre, gelbe, rote Paprikaschote, feine grüne Bohnen und Avocado (geschält)
1 TL Zitronensaft
100 g extrafrisches Lachs- und Thunfischfilet
10 Nori-Blätter
Wasabi-Paste
25 g Forellenkaviar
Sojasoße
1 TL Sesam geröstet

Zubereitung:

1. Reis wie unter 3.2. beschrieben zubereiten. Das bunte Gemüse in dünne Stifte schneiden. Bohnen in Salzwasser bissfest kochen, abschrecken und abtropfen lassen. Avocadofruchtfleisch in schmale Streifen schneiden und mit Zitronensaft beträufeln.

2. Fisch in dünne Scheiben schneiden. Noriblätter zum Rechteck schneiden, untere Hälfte mit 1 EL Reis belegen und flach andrücken. Mit etwas Wasabi-Paste bestreichen und mit Gemüse und Fisch belegen. Zur Tüte zusammenrollen und etwas Forellenkaviar oben auflegen. Mit Sojasoße und Wasabi servieren.

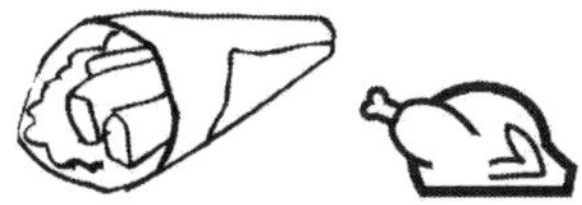

9.4 Temaki mit Hähnchen Mexiko

Für 4 Portionen
Zubereitungszeit: 55 Min.
Schwierigkeit: leicht

Zutaten:

325 g Sushi Reis
5 EL Reisessig
3 EL Zucker
2 Teelöffel Salz
550 g Hähnchenbrustfilet
1 TL Chilipulver
1/2 TL Knoblauchpulver
1 TL Cajun-Gewürz
1 EL Pflanzenöl
1 rote Paprika
1 Möhre
1 Gurke
4 Nori-Blätter
Salz
Wasabi und Sojasoße

Zubereitung:

1. Reis wie unter 3.2. beschrieben zubereiten. Gemüse in dünne Stifte schneiden, Hähnchenbrustfilet abspülen, würzen, in Pflanzenöl braten. Abkühlen lassen und in Streifen schneiden.

2. Noriblätter zum Rechteck schneiden, untere Hälfte mit 1 EL Reis belegen und flach andrücken. Mit etwas Wasabi-Paste bestreichen und mit Gemüse und Hähnchenstreifen belegen. Zur Tüte zusammenrollen und mit Sojasoße und Wasabi genießen.

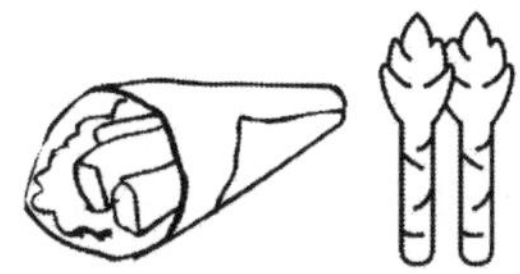

9.5 Temaki Sushi Spargel

Für 3 Portionen
Zubereitungszeit: 30 Min.
Schwierigkeit: leicht

Zutaten:

125 g Sushi-Reis
1/2 TL Salz
1/2 TL Zucker
2 EL Reisessig
50 g Spargel
60 g Zucchini
1 Avocado
2 EL Limettensaft

1 TL Sojasoße
3 Noriblätter
1 TL Wasabipaste
Sojasoße und eingelegter Ingwer

Zubereitung:

1. Reis wie unter 3.2. beschrieben zubereiten. Spargel schälen, längs halbieren und in 7 cm lange Stücke teilen. In Salzwasser mit etwas Zucker bissfest garen, abtropfen lassen.

2. Zucchini waschen, in 7 cm lange und 1/2 cm breite Stifte schneiden. Avocadofruchtfleisch eine Hälfte in Scheiben schneiden, mit etwas Limettensaft beträufeln. Andere Hälfte mit 2 EL Limettensaft und Sojasauce pürieren.

3. Jeweils ein Nori Blatt mit der glatten Seite nach unten auf eine Bambus Matte legen und mit einem scharfen Messer quer halbieren. Ränder leicht mit Wasser anfeuchten. Abgekühlten Sushi Reis zu 6 kleinen Kugeln formen. Je eine Reiskugel auf eine Hälfte des Noriblattes setzen und flachdrücken.

4. Wasabipaste dünn auf den Reis streichen. Gemüse darüber verteilen und mit Avocadopüree bestreichen. Nori Blatt von hinten nach vorne umklappen und wie eine kleine Tüte aufrollen.

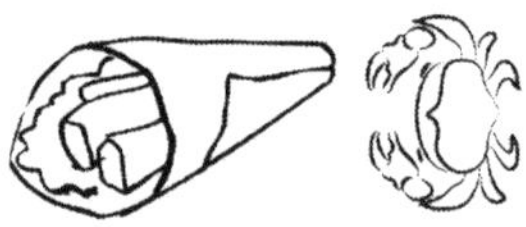

9.6 California Temaki

Für 3 Portionen
Zubereitungszeit: 30 Min.
Schwierigkeit: leicht

Zutaten:

125 g Sushi-Reis
1/2 TL Salz
1/2 TL Zucker
2 EL Reisessig
3 Nori-Blätter
½ Avocado
1 Tasse zerkleinertes Krabbenfleisch
Sriracha Mayonnaise
Gerösteten Sesam
Wasabi, Sojasoße, Ingwer

Zubereitung:

1. Reis wie unter 3.2. beschrieben zubereiten. Avocadofruchtfleisch in Scheiben schneiden. Etwas Reis diagonal auf jedem Nori-Blatt verteilen. Darauf ein Stück Avocado, etwas Krabben und einen Klecks Mayonnaise geben.

2. Zu einer Türe zusammenrollen, Rand anfeuchten und zusammenkleben. Etwas eingelegter Ingwer und Sesamkörner darüberstreuen und mit Sojasoße und Wasabi genießen.

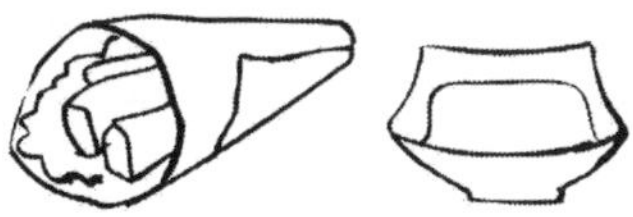

9.7 Temaki mit Tofu und grünem Spargel

Für 4 Portionen
Zubereitungszeit: 55 Min.
Schwierigkeit: leicht

Zutaten:

325 g Sushi Reis
5 EL Reisessig
3 EL Zucker
1 Päckchen Räuchertofu
12 Stangen grüner Spargel
4 Nori-Blätter
Mayonnaise
Dijon-Senf
Sojasoße

Zubereitung:

1. Reis wie unter 3.2. beschrieben zubereiten. Nori-Blätter rechteckig zuschneiden. Den Tofu in der trockenen Pfanne anrösten, abkühlen lassen, in fingerdicke Streifen schneiden.

2. Vom grünen Spargel das untere holzige Ende abbrechen, Spargel kurz in der Pfanne in etwas Öl anbraten. Die Mayonnaise mit Dijon-Senf und einem Spritzer Sojasoße verrühren.

3. Jedes Nori-Blatt diagonal mit fertigem Reis belegen. Darauf Tofustreifen und Spargel geben und mit gewürzter Mayonnaise toppen. Zu einer Türe zusammenrollen, Rand mit Wasser befestigen. Mit Sojasoße genießen.

9.8 Vegane Temaki-Sushi mit „Kaviar“

Für 4 Portionen
Zubereitungszeit: 90 Min.
Schwierigkeit: leicht

Zutaten:

200 g Sushireis
3 EL Reisessig
2 TL Zucker
1 Bio-Zitrone
2 TL Wasabipaste
1 EL Pflanzenöl
Salz
2 TL Agavendicksaft
200 g fester Naturtofu
2 EL Tapiokaperlen
1 EL helle Sojasauce
1 Prise Ingwerpulver
2 EL Sesamsamen
1 kleine rote Spitzpaprikaschote (ca. 80 g)
100 g Rettich
12 Scheiben eingelegter Ingwer
6 Nori-Blätter
1 Beet Sprossen

Zubereitung:

1. Reis wie unter 3.2. beschrieben zubereiten. Zitrone abwaschen, Schale abreiben, Saft auspressen. Schale und 2 EL Saft mit Wasabipaste, Öl, 1 TL Salz und Agavendicksaft verrühren. Tofu längs in zwölf Stifte schneiden und 2 Std. in der Marinade ziehen lassen.

2. Für den „Kaviar“ 1 l Wasser aufkochen und die Tapiokaperlen darin ca. 20 Min. bei mittlerer Hitze kochen. In ein Sieb abgießen, abspülen und abtropfen lassen. 1 TL Zitronensaft und Sojasauce mit 1 TL Salz und Ingwerpulver verrühren. Marinade mit Tapiokaperlen mischen und „Kaviar“ beiseitestellen.

3. Nori-Blätter halbieren, rechte Hälfte des Blatts ca. 1 cm dick Reis bedecken und mit Sesam bestreuen. Diagonal 1 Scheibe Ingwer, etwas Tofu, Paprika und Rettich darauflegen, sodass rechts unten ein nur mit Reis bedecktes Dreieck bleibt. Dreieck diagonal

über die Füllung klappen. Linke Hälfte des Nori-Blatts anfeuchten und Sushitüte aufrollen. 12 Tüten formen und auf jede 1 TL Tapioka-Kaviar setzen. Mit Kresseblättchen garnieren.

9.9 Temaki Gartengemüse

Für 12 Portionen
Zubereitungszeit: 25 Min.
Schwierigkeit: leicht

Zutaten:

6 Noriblätter
1 Tasse Reis
1 Kopf Salat
250 g Gurken oder Karotten oder Kürbis
250 g Avocados oder Mango oder Papaya
3 EL schwarzer Sesam
Mango-Chili-Dip
1 Mango
1 Limette
2 Knoblauchzehen
1 Chilischote
2 EL Sojasauce

Zubereitung:

1. Reis wie unter 3.2. beschrieben zubereiten. Die Zutaten für die Füllung werden alle gewaschen bzw. geschält und in ca. 1 cm breite Scheiben geschnitten.

2. Zutaten für den Mango-Chili-Dip zu einer cremigen Soße pürieren bzw. klein hacken und gut verrühren. Noriblätter einmal in der Mitte knicken und durchschneiden.

3. Die Füllung auf der linken Seite des Blattes platzieren. Das Blatt von rechts nach links zu einer Tüte falten.

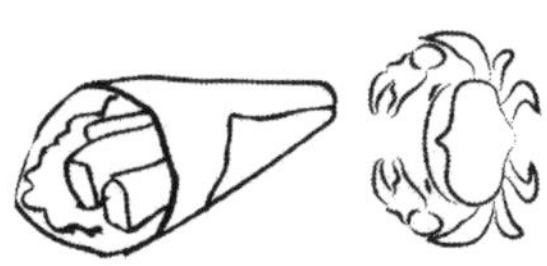

9.10 Temaki mit Krabbenfleisch

Für 4 Portionen
Zubereitungszeit: 25 Min.
Schwierigkeit: leicht

Zutaten:

2 EL Mayonnaise
2 Frühlingszwiebel
500 g gekochtes Krabbenfleisch
½ TL Paprikaflocken
Saft ½ Limette
Salz, Pfeffer
8 Noriblätter
1 Avocado
2 Salatgurken
Rettichsprossen

Zubereitung:

1. Gurke waschen und in dünne Stifte, Avocadofruchtfleisch in schmale Streifen, Frühlingszwiebel in feine Ringe schneiden. Das Krebsfleisch mit Mayonnaise, Pfefferflocken, Salz, Pfeffer und Limettensaft verrühren.

2. Ein Noriblatt mit 2 EL der Masse bestreichen, darauf Avocado und Gurke sowie Sprossen und Frühlingszwiebeln. Dann zu einer Temaki Tüte formen und mit restlichem Grün dekorieren.

10. Onigiri

Onigiri Sushi ist *fast Food* in Japan, da es durch seine kompakte Form überall mitgenommen werden kann. Ob Bällchen geformt werden, Dreiecke oder Würfel, spielt dabei keine Rolle. Es sind spezielle Reisformer erhältlich, welche die Zubereitung erleichtern.

10.1 Gurken-Frischkäse Onigiri

Für 12 Portionen
Zubereitungszeit: 45 Min.
Schwierigkeit: leicht

Zutaten:

500 g Sushi Reis
3 EL Frischkäse
4 TL Furikake Gewürz
1/2 Salatgurke
Nori Algenblätter
2 TL Salz

Zubereitung:

1. Reis wie unter 3.2. beschrieben zubereiten. Gurke schälen, der Länge nach halbieren und Kerne mit einem Löffel entfernen, Rest sehr klein würfeln und mit Frischkäse und Furikake-Gewürz verrühren.

2. Eine kleine Portion Reis mit feuchten Fingern in die hohle Hand geben und eine Delle eindrücken. Etwas von der Gurkenfüllung hineingeben und mit weiterem Reis bedecken. Daraus eine Kugel formen. Mit einem Streifen Nori Algenblatt ganz oder teilweise umwickeln.

10.2 Thunfisch Onigiri

Für 6 Portionen
Zubereitungszeit: 45 Min.
Schwierigkeit: leicht

Zutaten:

500 g Sushi Reis
1/2 TL Salz
2 EL Reisessig
1 EL Zucker
1 TL Sesamöl
1 TL schwarzer Sesam
1 Noriblatt
1 Dose Thunfisch
1 EL Mayonnaise
2 TL Sesamöl
2 TL weiße Sesamkörner
1 Stk. Ingwer (1 cm)
1 TL Sriracha Sauce
1 Kästchen Kresse

Zubereitung:

1. Reis wie unter 3.2. beschrieben zubereiten. Für die Füllung Ingwer schälen und fein reiben. Mit Thunfisch, Mayonnaise, Sesamöl, weißen Sesamkörnern, Sriracha und Kresse vermengen.

2. In die Hand etwas Reis füllen, in die Mitte eine Mulde drücken und etwas Füllung in die Mulde geben. Mit Reis bedecken und zu einer Kugel formen. Restlichen Reis und Füllung auf diese Weise verarbeiten.

3. Nori in breite Streifen schneiden, Reiskugel je mit einem Streifen Nori umwickeln und schwarzem Sesam garnieren.

10.3 Onigiri mit Räucherlachs

Für 6 Portionen
Zubereitungszeit: 45 Min.
Schwierigkeit: leicht

Zutaten:

500 g Sushi Reis
1/2 TL Salz
2 EL Reisessig
1 EL Zucker
50-100 g Räucherlachs
40 g Mayonaise
1 Bund Schnittlauch

Zubereitung:

1. Reis wie unter 3.2. beschrieben zubereiten. Räucherlachs mit einer Gabel zupfen und mit Mayonnaise und Schnittlauch vermengen.

2. In die Hand etwas Reis füllen, in die Mitte eine Mulde drücken und etwas Füllung in die Mulde geben. Mit Reis bedecken und zu einer Kugel formen. Restlichen Reis und Füllung auf diese Weise verarbeiten.

3. Nori in breite Streifen schneiden, Reiskugel je mit einem Streifen Nori umwickeln und garnieren.

10.4 Vegetarische Onigiri mit Wakame

Für 6 Portionen
Zubereitungszeit: 45 Min.
Schwierigkeit: leicht

Zutaten:

500 g Sushi Reis
1/2 TL Salz
2 EL Reisessig
1 EL Zucker
100 g Wakame Braunalgen
1 TL Reisessig
Etwas Limettensaft
1 TL Zucker

Zubereitung:

1. Reis wie unter 3.2. beschrieben zubereiten. Für die Füllung Wakame Braunalgen mit Wasser bedecken und 10 Minuten ziehen lassen. Anschließend kleinschneiden. Mit Sesamöl, Reisessig, Limettensaft und Zucker marinieren. Eine Stunde ziehen lassen.

2. In die Hand etwas Reis füllen, in die Mitte eine Mulde drücken und etwas Wakame in die Mulde geben. Mit Reis bedecken und zu einer Kugel formen. Restlichen Reis und Füllung auf diese Weise verarbeiten.

3. Nori in breite Streifen schneiden, Reiskugel je mit einem Streifen Nori umwickeln und garnieren.

10.5 Onigiri Umeboshi

Für 6 Portionen
Zubereitungszeit: 45 Min.
Schwierigkeit: leicht

Zutaten:

500 g Sushi Reis
1/2 TL Salz
2 EL Reisessig
1 EL Zucker
Umeboshi

Zubereitung:

1. Reis wie unter 3.2. beschrieben zubereiten. In die Hand etwas Reis füllen, in die Mitte eine Mulde drücken und eine Umeboshi-Aprikose einlegen. Mit Reis bedecken und zu einer Kugel formen. Restlichen Reis und Füllung auf diese Weise verarbeiten.

2. Nori in breite Streifen schneiden, Reiskugel je mit einem Streifen Nori umwickeln und garnieren.

10.6 Natto-Furikake Onigiri

Für 6 Portionen
Zubereitungszeit: 45 Min.
Schwierigkeit: leicht

Zutaten:

500 g Sushi Reis
1/2 TL Salz
2 EL Reisessig
1 EL Zucker
50 g Natto-Furikake (fermentierte Sojabohnen)

Zubereitung:

1. Reis wie unter 3.2. beschrieben zubereiten. Reis mit den zerkleinerten Natto-Furikake vermischen und zu Kugeln oder Dreiecken formen.

2. Nori in breite Streifen schneiden, Reiskugel oder Dreieck je mit einem Streifen Nori umwickeln und garnieren.

10.7 Onigiri mit Peanuts und Avocado

Für 2 Portionen
Zubereitungszeit: 35 Min.
Schwierigkeit: leicht

Zutaten:

120 g Sushireis
1/2 Avocado
30 g Erdnüsse, geröstet und gesalzen

2 Noriblätter
30 g Sesamsaat
2 EL Reisessig
2 TL Zucker
2 EL Sesamöl
Salz

Zubereitung:

1. Reis wie unter 3.2. beschrieben zubereiten. Nori-Blätter und Erdnüsse sehr klein hacken. Avocado aus der Schale holen, in Scheiben schneiden. Reis mit Sesam und gehackten Nori-Blättern mischen.

2. Auf eine Frischhaltefolie eine Portion Reis geben, Avocado und Erdnüsse darauf geben. Mit Reis bedecken, Folie schließen und Reis zur Kugel formen, dann etwas plattdrücken. Sesamöl in der Pfanne erhitzen, Onigiri kurz anbraten. Mit Wasabi und Sojasoße servieren.

10.8 Brauner Reis-Onigiri mit Pilzfüllung

Für 12 Portionen
Zubereitungszeit: 120 Min.
Schwierigkeit: leicht

Zutaten:

190 g brauner Reis
470 ml Wasser
5 g rosa Himmalayasalz
12 ml Avocadoöl
100 g Shiitake Pilze oder
250 g Champignons
Ein Stück frischer Ingwer
3 Knoblauchzehen
4 Frühlingszwiebel
2 TL Sojasoße
Pfeffer
1 Nori-Blatt

Zubereitung:

1. Reis wie unter 3.2. beschrieben zubereiten. Avocadoöl in der Pfanne erhitzen, gehackte Pilze, gehackter Ingwer und Knoblauch, geschnittene Frühlings-

zwiebel, Soja-Gewürz und weißer Pfeffer dazu geben und Pilze schmoren.

2. Abgekühlten Reis in der Hand zu einer Halbkugel formen. Etwas Pilzmischung einfüllen und mit Reis zur Kugel formen. Mit einem schmalen, angefeuchteten Streifen Nori-Blatt umwickeln.

10.9 Onigiri Pulled Salmon

Für 4 Portionen
Zubereitungszeit: 30 Min.
Schwierigkeit: leicht

Zutaten:

500 g Sushi Reis
1/2 TL Salz
2 EL Reisessig
1 EL Zucker
2 Noriblätter
200 g Lachsfilet
2 EL Limettensaft
4 EL Mayonnaise
Dijonsenf
1 Zweig frischer Dill
Salz, Pfeffer

Zubereitung:

1. Reis wie unter 3.2. beschrieben zubereiten. Lachsfilet etwas salzen und kurz braten, mit Limettensaft beträufeln und abkühlen lassen. Dann mit zwei Gabeln in feine Stücke reißen.

2. Mayonnaise mit Dijonsenf verrühren, Dill hacken und unterrühren, mit Salz und Pfeffer abschmecken.

3. Abgekühlten Reis in der Hand zu einer Halbkugel formen. Lachs und Mayonnaise einfüllen und mit Reis zur Kugel formen. Um die Kugel einen breiten, angefeuchteten Streifen Nori-Blatt wickeln.

10.10 Pink Onigiri mit Spinat

Für 4 Portionen
Zubereitungszeit: 45 Min.
Schwierigkeit: leicht

Zutaten:

500 g Sushireis
4 Nori Blätter
1 Avocado
1 Handvoll Spinat
½ Mango
8 Getrocknete Tomaten
Frischkäse natur
Etwas Rote Bete Saft

Zubereitung:

1. Reis wie unter 3.2. beschrieben zubereiten. Gewaschenen Spinat abtropfen lassen, Avocado-Fruchtfleisch und geschälten Mango in Streifen schneiden.

2. Auf den Reis zuerst Spinat, dann cremig gerührten Frischkäse, Mangostreifen, getrocknete Tomate und Avocado geben, mit Reis bedecken und einem Streifen Nori umwickeln.

11. Ausgefallene Sushi Variationen

Sushi Liebhaber werden es kennen, auf lange Sicht gesehen möchte man auch Abwechslung auf seiner Sushi-Speisekarte haben. Außer den üblichen Maki-Sushi oder Nigiri-Sushi gibt es mittlerweile noch andere Variationen, welche die gewünschte Abwechslung auf den Teller bringen.

11.1 Thunfisch Nigiri Himbeer

Für 1 Portion
Zubereitungszeit: 10 Min.
Schwierigkeit: leicht

Zutaten:

10 g Sushi Reis
15 g Thunfisch
Etwas Reisessig
Salz
Reife Himbeeren
1 Limette
Schwarzer Sesam

Zubereitung:

1. Reis wie unter 3.2. beschrieben zubereiten. Eine kleine Portion in die gewünschte Form bringen. Thunfisch mit scharfem Messer in dünne Scheiben schneiden und eine Scheibe auf eine Reisportion legen.

2. Himbeeren mit der Gabel zerdrücken und mit ein paar Tropfen Limettensaft würzen. Auf das Thunfisch Nigiri einen Klecks Himbeerpüree geben und mit schwarzem Sesam garnieren.

11.2 Sushi-Burger

Für 1 Portion
Zubereitungszeit: 10 Min.
Schwierigkeit: leicht

Zutaten:

100 g Sushi Reis
Reisessig
Salz
2 Blätter grüner Salat
100 g roher Thunfisch
¼ Avocado
Soße aus Mayonnaise, Sriracha, Sesamöl, Sojasoße
Sesam

Zubereitung:

1. Reis wie unter 3.2. beschrieben zubereiten. Aus Reis zunächst das Unterteil des Brötchens formen und auf einen Teller setzen.

2. Den grünen Salat auf den Reis legen. Darauf rohen

Thunfisch, würzige Spicy Mayo als Sauce und Scheiben von der Avocado platzieren. Als Deckel den Sushireis auf den Burger setzen. Mit etwas geröstetem Sesam dekorieren.

11.3 Poke-Bowl Sushi

Für 1 Portion
Zubereitungszeit: 10 Min.
Schwierigkeit: leicht

Zutaten:

100 g Sushi Reis
Reisessig
Salz
100 g roher Thunfisch, Lachs oder anderen Fisch
1 EL Sojasoße
1 EL Sesamöl
1 TL Sesam
1 EL Masago (Fischeier)
Frühlingszwiebel
Sriracha

Zubereitung:

1. Reis wie unter 3.2. beschrieben zubereiten. Fisch klein schneiden und in einer Marinade aus Sojasoße und Sesamöl, geschnittenen Frühlingszwiebeln und Sriracha kurz einlegen. Etwas gerösteter Sesam und Masago hinzugeben.

2. In einer kleinen Schüssel lauwarmen Reis einfüllen, mit dem marinierten Fisch belegen und garnieren.

11.4 Sushi-Sandwich

Für 1 Portion
Zubereitungszeit: 10 Min.
Schwierigkeit: leicht

Zutaten:

100 g Sushi Reis
Reisessig

Auswahl aus:

Rohem Fisch (Thunfisch, Lachs)
Surimi
Avocado
Meeresfrüchte
Salat
Tomate
Schinken
Käse
Hähnchenbruststreifen
Frische Kräuter
Frisches Gemüse
Sojasoße
Scharfe Mayo
Teriyaki Soße
Sriracha Soße

Zubereitung:

1. Reis wie unter 3.2. beschrieben zubereiten. Auf einem Nori-Blatt eine Schicht Reis als Rechteck auflegen. Mit den Zutaten der Wahl belegen, gerne mit Soßen oder Pasten dazwischen. Darauf kommt wieder eine Schicht Reis, sodass ein „Sandwich“ entsteht.

2. Jede Ecke des Nori-Blatts mit etwas Zug zur Mitte der Reisfläche hinziehen, sodass der Reis komplett eingepackt wird. Anschließend komplett in Klarsichtfolie einschlagen und etwas ruhen lassen. Dann kann das Sandwich diagonal aufgeschnitten werden.

11.5 Inarizushi Tintenfisch Tofutaschen

Für 12 Portionen
Zubereitungszeit: 10 Min.
Schwierigkeit: leicht

Zutaten:

200 g Sushireis
1 Tintenfisch-Tube
1 Frühlingszwiebel
12 Tofutaschen
3 TL Sesamöl
1 Chili, getrocknet
1 Knoblauchzehe
Sriracha
1 TL gerösteter Sesam

Zubereitung:

1. Reis wie unter 3.2. beschrieben zubereiten. Für die Füllung den Tintenfisch in 1 cm große Stücke schneiden, in der Pfanne mit Sesamöl 2 Min. braten. Chili und Knoblauch klein hacken und zufügen, ebenfalls den gerösteten Sesam. Auskühlen lassen, mit Reis und fein geschnittenen Frühlingszwiebeln mischen.

2. Tofutaschen 15 Min. in kochendes Wasser legen, abkühlen lassen und füllen. Zum Servieren die Taschen halbieren und wie Sushi anrichten. Dazu passt eingelegter Ingwer und Sojasoße.

11.6 Sushi Burritos

Für 2 Portionen
Zubereitungszeit: 35 Min.
Schwierigkeit: leicht

Zutaten:

200 g Sushireis
1 TL Olivenöl
2 Noriblätter
1 TL Wasabi
2 TL Sesam
150 g Pastinaken
2 Karotten
½ Kopfsalat
1 Avocado
1 TL Hefeflocken

Zubereitung:

1. Reis wie unter 3.2. beschrieben zubereiten. Geschälte Pastinaken und Karotten in Streifen schneiden, auf dem Backblech mit Öl beträufeln und goldbraun backen. Salat zerpflücken, Avocado-Fruchtfleisch in dünne Streifen schneiden.

2. Reis auf Noriblatt verteilen, mit abgekühltem Gemüse, Salat und Avocado belegen, aufrollen und wie Burrito in Papier oder Alufolie einwickeln.

11.7 Gemüse Sushi Low Carb

Für 2 Portionen
Zubereitungszeit: 20 Min.
Schwierigkeit: leicht

Zutaten:

Dicke Zucchini oder Möhre
Glatte Petersilie
Gemüse nach Wahl für Füllung
Cashewcreme

Zubereitung:

1. Von der dicken Zucchini oder Möhre mit dem Sparschäler lange, breite Streifen abschneiden. Diese sind die äußere Hülle und werden zur Hälfte mit der gewählten Creme bestrichen.

2. Das gewünschte Gemüse in Stifte schneiden, die doppelt so hoch sind wie die Umhüllung. Die Petersilie grob hacken. Gemüse auf die Creme legen und einrollen.

11.8 Toast Sushi mit Gemüse

Für 36 Portionen
Zubereitungszeit: 40 Min.
Schwierigkeit: leicht

Zutaten:

3 Möhren (ca. 400 g)
1 Kohlrabi
Salz
3 Frühlingszwiebeln
1/2 kleiner Radicchio
125 g Schmand
1–2 TL Wasabipaste
12 Scheiben Sandwichtoast
Frischhaltefolie

Zubereitung:

1. Geschälte Möhren und Kohlrabi in Stifte schneiden, mit etwas Salz bestreuen und ziehen lassen. Frühlingszwiebel in 5 cm Streifen schneiden. Radicchioblätter in feine Streifen schneiden.

2. Schmand und Wasabi verrühren, salzen. Toast

entrinden, Scheiben zwischen Folie dünner ausrollen. Mit Wasabischmand bestreichen.

3. Gemüsenstreifen und Salatstreifen am unteren Toastrand verteilen, eng aufrollen. In Folie wickeln und eine Stunde kaltstellen. Folie entfernen und in 3 gleiche Stücke schneiden.

12. Fruitshi – Sushi mit Obst

Vor allem Naschkatzen werden sich über Sushi mit Obst freuen, das man auch als Fruitshi bezeichnet. Obst Sushi ist vor allem ein außergewöhnlicher Nachtisch.

12.1 Fruitshi Erdbeere mit Pistazien-Pesto

Für 2 Portionen
Zubereitungszeit: 30 Min.
Schwierigkeit: mittel

Zutaten:

1 l Milch, warm
250 g Milchreis
4 EL Zucker
1 EL Butter
2 Stück Reispapier
250 g Erdbeeren
100 g Sesam
50 g geschälte Pistazien
4 EL Honig
2 EL Limettensaft
1 Prise Salz
4 EL Traubenkernöl
2 Zweige Minze

Zubereitung:

1. Butter im Topf schmelzen, Milchreis darin ca. 1 Minuten unter Rühren anbraten. Milch und 4 EL Zucker dazugeben. Bei mittlerer Hitze aufkochen, bei schwacher Hitze Milchreis

ca. 30 Minuten ziehen lassen, gelegentlich umrühren. In eine Schüssel geben und abkühlen lassen.

2. Erdbeeren waschen und fein würfeln, Minzblätter abzupfen, mit den restlichen Pesto-Zutaten zu einer cremigen Paste mixen. Reisblatt mit Wasser befeuchten, das obere Drittel des Blattes mit Milchreis bestreichen, mit Erdbeeren belegen und aufrollen. Die Enden vorsichtig zusammendrücken.

3. Sushirolle in Sesam wälzen und kaltstellen. Mit einem scharfen Messer in ca. 2 cm dicke Scheiben schneiden und mit dem Pistazien-Pesto servieren.

12.2 Tropisches Fruitshi

Für 4 Portionen
Zubereitungszeit: 40 Min.
Schwierigkeit: leicht

Zutaten:

Für den Kokosreis:
200 ml Milch
250 ml Kokosmilch
1 Prise Salz
1 TL Butter
1 Msp. Limettenschale
40 g Zucker
125 g Milchreis
2 reife Kiwis
1 reife Mango
4 reife Erdbeeren groß
1 Pitahaya
Für die Schokoladensauce:
150 g Zartbitterschokolade
65% Kakaogehalt
100 ml Sahne
30% Fettgehalt

Zubereitung:

1. Milch, Kokosmilch, Salz, Butter, Limettenabrieb, Zucker in einem Topf unter Rühren zum Kochen bringen. Milchreis dazugeben und einmal kurz aufkochen. Auf niedrigster Stufe 30-35 Minuten quellen lassen.

2. Milchreis abkühlen lassen und mundgerechte Stücke auf eine Platte formen. Kiwis, Mangos schälen, Erdbeeren waschen und in

hauchdünne Scheiben schneiden. Pitahaya Fruchtfleisch in feine Scheibchen schneiden.

3. Den Milchreis mit den verschiedenen Früchten belegen und bis zum Servieren kaltstellen. Zartbitterschokolade hacken, über einem Wasserbad schmelzen lassen und mit der Sahne verrühren. Sushis auf Glasteller anrichten und kalt servieren. Abgekühlte Schokoladensauce dazu reichen.

12.3 Sommer Fruitshi

Für 4 Portionen
Zubereitungszeit: 40 Min.
Schwierigkeit: leicht

Zutaten:

300 g Sushi-Reis
500 ml Wasser
3 EL Zucker
1 TL Salz gestrichen
230 ml Kokosmilch cremig
1/2 Tütchen Vanillezucker
Frische Ananas, Erdbeeren, Brombeeren, Mango, Kiwi
Himbeersauce
4 EL Kokosraspel, geröstet
4 EL Kokosraspel weiß

Zubereitung:

1. Reis, Wasser, Zucker und Salz in einen Topf geben, aufkochen lassen und ca. 20 Minuten köcheln. Kokosmilch und Vanillezucker zufügen, gut umrühren und auskühlen lassen.

2. Ananas und Mango in lange Streifen schneiden. Brombeeren halbieren, Kiwi schälen und längs in dünne Scheiben schneiden. Erdbeeren halbieren.

3. 4 große Esslöffel Reis auf Bambusmatte verteilen, oberen Rand freilassen. Im unteren Drittel das Obst bunt gemischt auflegen, dann eine Sushi-Rolle formen, etwas andrücken.

4. Die Kokosraspel mischen und die Rolle darin wälzen. So weiter bis alle Zutaten verbraucht sind und 3 Rol-

len fertig sind. In mundgerechte Stücke schneiden und auf einer Platte anrichten.

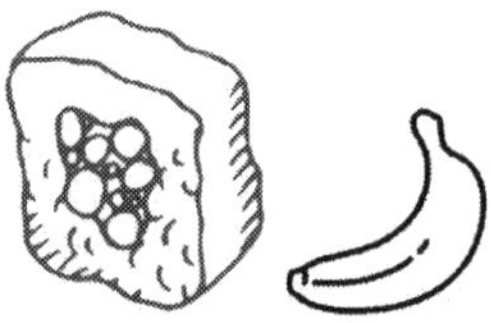

12.4 Regenbogen Fruitshi

Für 2 Portionen
Zubereitungszeit: 50 Min.
Schwierigkeit: leicht

Zutaten:

2 Tassen Bananenmilch
1 Tasse Reis
2 EL fein geschnittene Mango
2 EL fein geschnittene Cantaloupe Melone
10 Blaubeeren
3 fein geschnittene Erdbeeren

Zubereitung:

1. Reis in der Bananenmilch garkochen. Ein großes Stück Klarsichtfolie auf die Arbeitsfläche legen, den Reis darauf rechteckig und daumendick verteilen.

2. In der Mitte Obst verteilen, die Blaubeeren in einer Reihe darauflegen. Mit Hilfe der Folie zu einer Rolle formen, fest einwickeln und 30 Minuten ins Gefrierfach stellen. In 5 Stücke schneiden und mit Schokoladensoße servieren.

12.5 Fruitshi Party

Für 4 Portionen
Zubereitungszeit: 50 Min.
Schwierigkeit: leicht

Zutaten:

300 g Sushi-Reis
500 ml Wasser
3 EL Zucker
1 TL Salz
230 ml Kokosmilch cremig
1/2 Vanillezucker
Ananas, Erdbeeren, Brombeeren, Mango, Kiwi
Himbeersoße

4 EL Kokosraspel goldbraun geröstet
4 EL Kokosraspel weiß

Zubereitung:

1. Sushi-Reis wie gewohnt kochen, jedoch ohne Reisessig zum Würzen, sondern mit Zucker. Nach der Garzeit Kokosmilch und Vanillezucker hinzufügen und auskühlen lassen.

2. Kiwis schälen, Brombeeren halbieren, Ananas in feine Stücke, Erdbeeren vierteln und Mango mit dem Sparschäler in dünne lange Scheiben schneiden. Für Maki Sushi wie gewohnt eine Rolle herstellen, die mit Obst gefüllt wird.

3. Für Temaki Sushi kein Nori-Blatt, sondern eine Mangoscheibe nehmen.

12.6 Erdbeer-Banane Sushiwraps

Für 4 Portionen
Zubereitungszeit: 50 Min.
Schwierigkeit: leicht

Zutaten:

¼ Tasse Erdnussbutter
¼ Tasse Griechischer Joghurt Vanille
4 Weizentortillas
4 Bananen
8 Erdbeeren
Müsli, Nüsse

Zubereitung:

1. Erdnussbutter und Joghurt verrühren. Tortillas auslegen und damit bestreichen. Bananen längs vierteln, ebenso die Erdbeeren vierteln.

2. Pro Tortilla 2 Bananenstreifen auflegen, in deren Mitte Erdbeerstücke legen. Nüsse und Müsli dazugeben. Tortillas aufwickeln und in mundgerechte Stücke schneiden.

13. Japanische & Asiatische Suppen

Suppen sind auch in Japan oder in Asien beliebte Mahlzeiten, sie werden in manchen Regionen bereits zum Frühstück serviert. Die japanischen Ramensuppen sind sehr vielfältig herzustellen und auch die asiatischen Varianten lassen es weder an Geschmack noch an gesunden Zutaten fehlen.

13.1 Udon-Suppe

Für 4 Portionen:
Zubereitungszeit: 40 Min.
Schwierigkeit: leicht

Zutaten:

400 g Udon-Nudeln
200 g Hähnchenbrustfilet
Sojasauce
Etwas Sake
1 Karotte
6 Shiitake-Pilze
1,2l Dashi Brühe
100 g Blattspinat
2 Frühlingszwiebel
3 EL Mirin
4 Eier

Zubereitung:

1. Nudeln in ausreichend Wasser garen, abgießen und kalt abschrecken. Das bereits gegarte Hühnerfleisch in Stücke teilen, mit Sojasoße und Sake marinieren. Möhre schälen und die geputzte Pilze in Scheiben schneiden. Spinat waschen und verlesen, Frühlingszwiebel in Ringe schneiden.

2. Brühe zubereiten und die Zutaten nach Festigkeit zufügen. Mit Mirin, Sojasoße und Pfeffer würzen. Nudeln portionsweise in Schalen verteilen, mit Spinat belegen und Brühe auffüllen.

3. Backofen auf 200° vorheizen. In jede Suppenschüssel ein Ei gleiten lassen und für 10 Minuten im Backofen stocken lassen.

13.2 Kinoko Nabe Pilztopf

Für 4 Portionen:
Zubereitungszeit: 40 Min.
Schwierigkeit: mittel

Zutaten:

1 l Dashi
100 ml Sake
100 ml Mirin
100 ml Sojasauce
200 g Komatsuna oder Spinat
1/2 Chinakohl
1/2 Baumwolltofu
1 Handvoll Austernpilze
1 Handvoll Shimeji
1 Packung Enokitake
4 Shiitake
Shichimi tōgarashi

Zubereitung:

1. Für die Brühe Dashi, Sake, Mirin und Sojasoße mischen. Pilze und Spinat putzen und wie Chinakohl und Tofu in mundgerechte Stücke schneiden.

2. Chinakohl in den Topf füllen, Tofu darüber verteilen, Brühe zugießen und erhitzen. Nach dem Aufkochen noch 5 Minuten köcheln lassen. Pilze dazugeben, weitere 5 Minuten ziehen lassen. Am Schluss Komatsuna zugeben, vor dem Servieren mit Shichimi togarashi bestreuen.

13.3 Japanischer Eintopf Buta Nabe

Für 4 Portionen
Zubereitungszeit: 40 Min.
Schwierigkeit: leicht

Zutaten:

1 l Wasser
125 g Miso
500 g Schweinefleisch
1/2 Baumwolltofu
1 Pck. Shirataki
2 Kombu
1/2 Chinakohl
1 Frühlingszwiebel
150 g Enokitake
150 g Austernpilze
Shichimi tōgarashi optional

Zubereitung:

1. Chinakohl, Tofu und Frühlingszwiebel klein schneiden. Pilze auseinanderziehen, Shirataki waschen, Fleisch in feine Streifen schneiden. Wasser mit Miso mischen.

2. Zuerst Kombu in den Topf legen, darauf Chinakohl verteilen und anschließend die anderen Zutaten. Mit Brühe aufgießen und erhitzen. Nach dem Aufkochen weiter ziehen lassen, bis das Fleisch gar ist. Mit Shichimi togarashi bestreuen und servieren.

13.4 Asia-Kohlsuppe

Für 4 Portionen
Zubereitungszeit: 90 Min.
Schwierigkeit: leicht

Zutaten:

2 Bund Suppengrün
1–2 Lorbeerblätter
1 TL Pfefferkörner
2 rote Paprikaschoten
500 g Kartoffeln
1 Wirsing (ca. 1 kg)
3 cm Ingwer
1–2 rote Chilischoten
1/2 Bund Petersilie
Salz, Pfeffer

Zubereitung:

1. Gewaschenes Suppengrün zur Hälfte grob schneiden, in einen Topf mit 1 1/2 l Wasser geben. Lorbeer und Pfefferkörner zufügen, aufkochen und ca. 1 Stunde köcheln.

2. Übrige Möhren in Scheiben, Sellerie in Stifte und Porree in Ringe schneiden, Paprika in Streifen schneiden, Kartoffeln würfeln, Wirsing putzen, klein schneiden. Ingwer schälen und fein würfeln. Chili in Ringe schneiden.

3. Gemüsebrühe absieben und aufkochen. Gemüse, Chili und Ingwer zufügen und ca. 15 Minuten köcheln. Petersilie hacken und zur Suppe geben. Suppe mit Salz und Pfeffer abschmecken.

13.5 Fernöstliche Kokossuppe

Für 9 Portionen
Zubereitungszeit: 30 Min.
Schwierigkeit: leicht

Zutaten:

75 g junger Spinat
1 Knoblauchzehe
Saft von 3 Limetten
1 EL Sesamsamen
2 EL Sesamöl
1 Bund/Töpfchen Koriander
4 Lauchzwiebeln
100 g Sprossen
2 l Asiabrühe
2 Dosen (à 400 g) Kokosmilch
2 EL Speisestärke
Salz, Pfeffer

Zubereitung:

1. Spinat waschen und trocknen, Knoblauch fein hacken. Saft von 2 Limetten, Sesam und Öl verrühren, mit Spinat mischen.

2. Koriander-Blättchen abzupfen, Lauchzwiebeln in feine Ringe schneiden. Sprossen abspülen, abtropfen lassen, mit Lauchzwiebeln und Koriander mischen.

3. Brühe und Kokosmilch in einem Topf ca. 5 Minuten köcheln. Stärke mit 4 EL Wasser glattrühren. In die kochende Suppe rühren und ca. 2 Minuten köcheln. Mit Salz, Pfeffer und Limettensaft abschmecken. Suppe mit Spinat und Sprossenmix servieren.

13.6 Asia-Express Hackfleischtopf

Für 4 Portionen
Zubereitungszeit: 20 Min.
Schwierigkeit: leicht

Zutaten:

1 Zwiebel
1 Knoblauchzehe
1 Stk. Ingwer (ca. 3 cm)
1–2 rote Chilischoten
1 Stange Porree
500 g Möhren
150 g Mungobohnen-keimlinge
1 EL Öl
400 g Rinderhack
1 EL Gemüsebrühe (instant)
2–3 EL Sojasoße
Salz
1 TL 5-Gewürze-Pulver

Zubereitung:

1. Zwiebel und Knoblauch fein hacken. Ingwer schälen und fein reiben. Chili in Ringe schneiden. Porree in dünne Ringe schneiden. Möhren grob raspeln. Keimlinge waschen und abtropfen lassen.

2. Öl in einem großen Topf erhitzen. Hack darin ca. 5 Minuten krümelig anbraten und würzen. Zwiebel, Knoblauch, Ingwer und Chili zufügen und ca. 2 Minuten mitbraten. 1 l Wasser und Brühe zufügen. Alles aufkochen.

3. Porree, Möhren und Keimlinge zufügen und ca. 3 Minuten bei mittlerer Hitze garen. Den Hackfleischtopf mit Sojasoße, Salz und 5-Gewürze-Pulver abschmecken.

13.7 Japanische Ramen Nudelsuppe

Für 4 Portionen
Zubereitungszeit: 40 Min.
Schwierigkeit: leicht

Zutaten:

500g Schweinefilet
1 Suppenhuhn
450 g Ramen Nudeln
150 g Sojasprossen
1 Ingwer, 6 cm
3 Zehen Knoblauch
4 Karotten
2 Eier
3 Frühlingszwiebeln
1 Stange Lauch
1 Noriblatt

1 EL Zucker
100 ml Sojasauce
100 ml Reiswein
Salz, Pfeffer

Zubereitung:

1. In einen 5l Topf das Suppenhuhn, Knoblauch, Ingwer, Zwiebel, Lauch, 3 Karotten mit einer Prise Salz und Pfeffer geben. Für ca. 4 Std leicht kochen lassen und absieben.

2. Das Schweinefilet in der Pfanne kurz anbraten und zusammen mit Sojasauce, Reisessig, Zucker, geschnittenen Frühlingszwiebel in einem Topf geben. Das Filet mit Wasser bedecken und 40 Minuten leicht kochen lassen.

3. Die Eier separat hart kochen, schälen und 5 Minuten im Schweinefilet Topf mitkochen lassen. Die Ramen Nudeln nach Verpackungsanleitung kochen.

4. Die Schweinefiletbrühe und Suppenhuhnbrühe zusammenführen. Das Noriblatt und das Schweinefilet in dünne Streifen schneiden. Die Sojasprossen mit heißem Wasser abwaschen. Zusammen mit den Eiern in die Suppe geben.

13.8 Miso-Suppe

Für 4 Portionen
Zubereitungszeit: 40 Min.
Schwierigkeit: leicht

Zutaten:

20 Blätter Wakame Alge, getrocknet
200 g Tofu
2 TL Miso Paste
2 Lauchzwiebel
2 TL Sesam
Salz

Zubereitung:

1. Wakame Algen in reichlich Wasser 10 Minuten einweichen und abschütten. Tofu in Würfel schneiden.

2. Die Wakame Algen mit einem Liter Wasser in den Topf geben und aufkochen. Hitze herunterschalten und

Tofu dazugeben. Vorsichtig Miso-Paste einrühren, Suppe nicht mehr kochen lassen.

3. Lauchzwiebel in feine Ringe schneiden und mit dem Sesam zur Suppe geben. Noch mit Salz abschmecken.

13.9 Scharfe Schweinefilet Suppe

Für 4 Portionen
Zubereitungszeit: 35 Min.
Schwierigkeit: leicht

Zutaten:

50 g Schweinefilet
1 Karotte
Frischer Ingwer
2 getrocknete Shiitake Pilze
½ Bambussprosse
Frühlingszwiebel
1 Ei
½ EL Speisestärke
500 ml Hühnerbrühe
2 EL Tomatenmark
2 EL helle Sojasoße
2 EL Reisessig
2 EL Chilipaste
Zucker, Salz, Pfeffer

Zubereitung:

1. Pilze mit heißem Wasser einweichen, Ingwer fein hacken. Fleisch und Gemüse in gleichgroße Stücke schneiden, ebenso die eingeweichten Pilze.

2. Hühnerbrühe kochen, Zutaten hinzugeben, aufkochen lassen. Mit Zucker, Salz, Sojasoße, Reisessig, Tomatenmark, Chili und Pfeffer würzen.

3. Stärke mit kaltem Wasser anrühren und Suppe andicken. Ei verquirlen, Topf vom Herd nehmen und Ei einrühren. In Schüsseln verteilen, mit Frühlingszwiebelringen bestreuen.

13.10 Japanische Hühner-Gemüsesuppe

Für 4 Portionen
Zubereitungszeit: 30 Min.
Schwierigkeit: normal

Zutaten:

150 g Hühnerbrustfilet
150 g Rettich
80 g Karotten
8 getrocknete Shiitake Pilze
1/2 Bund Lauchzwiebel
100 g Tofu
2 EL Öl
4 Tassen Gemüse- oder Dashibrühe
4 EL Sojasauce
1/2 TL Zucker
1 EL Kartoffelmehl
5 EL Wasser

Zubereitung:

1. Pilze in Wasser einweichen, Hähnchenfleisch und geschälten Rettich in 1 cm Würfel schneiden. Geschälte Möhren in schräge Scheiben, Lauchzwiebel in Ringe schneiden.

2. Fleisch in Öl anbraten, Gemüse zufügen und kurz andünsten. Brühe zufügen, mit Sojasoße und Zucker würzen. Abgetropfte Pilze zufügen und alles 15 Min. leicht köcheln lassen.

3. Tofu in 1 cm Würfel schneiden und zur Brühe geben. Suppe abschließend mit Kartoffelmehl andicken und servieren.

14. Japanische Desserts

14.1 Matcha-Eis

Für 4 Portionen
Zubereitungszeit:
60 Min. + 2 Std.
Schwierigkeit: leicht

Zutaten:

2 EL Matcha-Teepulver
140 g Zucker
4 Bio-Eigelbe
200 ml Milch
200 g Schlagsahne
200 g Heidelbeeren
Matchapulver zum Bestäuben

Zubereitung:

1. Matcha-Pulver und 2 EL Zucker mischen. Eigelb und restlichen Zucker mindestens 5 Minuten hell und cremig schlagen.

2. Milch vorsichtig erhitzen. Einige Löffel der Milch zur Teepulver-Mischung geben und klümpchenfrei verrühren. In die restliche warme Milch geben.

3. Eigelbcreme zur Matcha-Milch-Mischung geben, gut verrühren und abkühlen lassen. Sahne steif schlagen und unterheben. Masse in die laufende Eismaschine gießen und 30 Minuten cremig gefrieren lassen. Ohne Eismaschine Creme in eine Metallform gießen und in das Gefrierfach stellen. Alle 30 Minuten kurz umrühren und wieder einfrieren. (2 Std)

4. Eis mit einem Eiskugelformer zu Kugeln formen, zusammen mit den Heidelbeeren anrichten. Mit etwas Teepulver bestäubt servieren.

14.2 Reis-Eis mit Pflaumen-Weinsoße

Für 3 Portionen
Zubereitungszeit:
60 Min. + 2 Std.
Schwierigkeit: leicht

Zutaten:

100 g weich gegarter Reis
1 Ei
50 g Puderzucker
100 ml Sahne
Mark einer Vanilleschote
500 g frische Pflaumen
3 EL Puderzucker
2 EL Zitronensaft
4 cl Pflaumenwein

Zubereitung:

1. Ei trennen, Eiweiß zu Schnee schlagen, gegarten Reis mit Eigelb, Zucker, Vanillemark und ca. 20 ml flüssiger Sahne fein pürieren.

2. Restliche Sahne schlagen und mit Eischnee unter die Reismasse heben. In eine Schale gießen, in den Tiefkühler oder in die Eismaschine geben.

3. Pflaumen entsteinen, bis auf eine klein schneiden und mit Puderzucker mischen. 10 Minuten weichkochen, abkühlen lassen und durch ein Sieb streichen. Zitronensaft und Pflaumenwein unterrühren.

4. Zum Servieren einen Soßenspiegel auf einem Teller anrichten, zwei Kugeln Eis darauf geben und nach Wunsch verzieren.

14.3 Luftige Matcha-Creme

Für 4 Portionen
Zubereitungszeit: 50 Min.
Schwierigkeit: leicht

Zutaten:

6 Eigelbe
2 EL Zitronensaft
150 g weiße Gelatine
2 EL Matchapulver
4 Eiweiße

200 g Schlagsahne
2-3 EL gehackte Pistazien
150 g Zucker
Zitronenmelisse

Zubereitung:

1. Eigelbe mit Zitronensaft und 100 g Zucker im Wasserbad schaumig schlagen. Gelatine nach Anweisung einweichen, 200 ml Wasser erwärmen und Matchapulver darin auflösen. Tee unter die Eigelbmasse rühren, nochmals über Wasserbad aufschlagen.

2. Creme aus dem Wasserbad nehmen, ausgedrückte Gelatine unterrühren. Eiweiße mit restlichem Zucker aufschlagen, unter die Matcha-Creme heben. Wenn die Creme geliert, steifgeschlagene Sahne unterheben. In eine flache Form füllen und kaltstellen.

3. Zum Servieren je 3 Nocken abstechen und auf Tellern anrichten. Mit Pistazien bestreuen und Melisse Blättchen garnieren.

14.4 Sushi-Eisröllchen

Für 6 Portionen
Zubereitungszeit: 240 Min.
Schwierigkeit: leicht

Zutaten:

1 grünfleischige Melone
Vanilleeis
0,50 l Milch
0,25 l Schlagsahne
1 Vanilleschote
7 Eigelbe
200 g Zucker
Bunte Zuckerstreusel zum Wälzen

Zubereitung:

1. Das Fruchtfleisch der Melone würfeln. Von der Frischhaltefolie 6 Stücke abschneiden. Fruchtwürfel auf die Folienstücke geben, zu einem langen Bonbon fest aufwickeln. Alle 6 Rollen für mindestens 2 Stunden einfrieren.

2. Vanillemark herauskratzen und mit der Vanilleschote in die Sahne-Milch rühren und aufkochen, vom Herd nehmen. Eigelb mit Zucker cremig schlagen, warme Milch langsam in die Eigelbcreme rühren, alles zurück in den Topf gießen.

3. Vanilleschote herausfischen und auf kleiner Flamme rühren, bis die Creme beginnt, dickflüssig zu werden. Die Vanillecreme unter Rühren abkühlen lassen. Kalte Creme in die Eismaschine schütten und fertig stellen.

4. Weitere 6 Stücke Frischhaltefolie zuschneiden, Melonenbonbons aus dem Gefrierschrank nehmen. Eis ca. 1 cm dick, 20 cm lang und 3,5-4 cm breit auf die Frischhaltefolienstücke streichen, Melonenwülste auswickeln und auf den Eisstreifen legen. Eisstreifen mit Hilfe der Folie um die Melonenwulst wickeln, Naht gut zusammendrücken. Nochmals für mindestens 1 Stunde gefrieren.

5. Bunte Zuckerperlen auf ein Tablett streuen, von gut gefrorenen Rollen die Frischhaltefolie entfernen und in den Perlen wälzen. In 6 gleiche Stücke schneiden und servieren.

14.5 Himmelblau Sushi

Für 4 Portionen
Zubereitungszeit: 120 Min.
Schwierigkeit: leicht

Zutaten:

1 EL Butter
150 g Langkornreis
350 ml Milch
75 g weiße Schokolade
250 g Marzipanrohmasse
50 g Puderzucker
blaue Lebensmittelfarbe
Zuckermelone

Zubereitung:

1. Die Butter in einem Topf aufschäumen lassen, den Reis darin anschwitzen und die Milch angießen. Bei milder Hitze etwa 15 Minuten sehr bissfest ziehen lassen. Die gehackte Schokolade unterrühren. Der Reis sollte noch körnig sein und die gesamte Flüssigkeit aufgesogen haben.

2. Für die Hülle die Marzipanrohmasse mit dem Puderzucker und blauer Lebensmittelfarbe verkneten und auf Folie zu einem Rechteck (ca. 40x15 cm) ausrollen. Den Reis auf der Platte gleichmäßig verteilen.

Melone schälen, entkernen und in ca. 1x1 cm dicke Stifte schneiden. Auf die Mitte der Platte längs aneinanderlegen und von der Längsseite mit Hilfe der Folie zu einer Sushirolle formen. Für ca. 2 Stunden in den Kühlschrank stellen.

Vor dem Servieren in ca. 3 cm breite Stücke schneiden.

14.6 Gebackene Bananen

Für 4 Portionen
Zubereitungszeit: 35 Min.
Schwierigkeit: leicht

Zutaten:

4 Bananen
Honig
Puderzucker
80 g Mehl
1 TL Backpulver
80 ml Wasser
1 Prise Salz
Öl zum Backen

Zubereitung:

1. Mehl, Backpulver, Zucker, Wasser und Salz zu einem Teig verrühren und 10 Min. quellen lassen.

2. Öl in einer tiefen Pfanne oder Topf erhitzen. Bananen schälen und in 2-3 cm dicke Stücke schneiden. Die Stücke durch den Teig ziehen und in heißem Öl goldgelb ausbacken.

3. Mit dem Schaumlöffel aus dem Fett heben und auf Küchenpapier abtropfen lassen. Vor dem Servieren mit Honig beträufeln und mit Puderzucker bestäuben.

14.7 Bananen-Kokos-Kuchen

Für 4 Portionen
Zubereitungszeit: 35 Min.
Schwierigkeit: leicht

Zutaten:

350 g Bananen
120 ml Kokosmilch
60 g Reismehl
80 g Zucker
1 Salz
200 g Kokosraspeln
Bananenblätter, optional

Zubereitung:

1. Bananenblätter auftauen lassen, Backofen auf 150° vorheizen. Bananen schälen, mit restlichen Zutaten im Mixer zum Teig verarbeiten. Diesen auf ein Backblech oder Kuchenform 20 Min. backen.

2. Aus quadratisch geschnittenen Bananenblättern kleine Tütchen formen, mit Zahnstocher fixieren. Gebackenen Teig in die Tütchen füllen und mit Kokosraspeln bestreuen. Kann auch in Schälchen serviert werden.

14.8 Grüne Mochi

Für 25 Stück
Zubereitungszeit: 10 Min.
Schwierigkeit: leicht

Zutaten:

400 g Klebreismehl
2 EL Matchapulver
400 ml Kokosmilch süß
600 g Zucker
Speisestärke

Zubereitung:

1. Mehl in eine Schüssel sieben, Matchapulver untermischen. Mit Kokos-

milch, Zucker und 300 ml Wasser glattrühren.

2. Teig in kleine Mochiförmchen oder andere Formen füllen, im Bambusdämpfer ca. 20 Minuten garen. Abkühlen lassen, aus den Förmchen nehmen und in Stärke wälzen.

14.9 Lychee-Kiwi-Salat

Für 4 Portionen
Zubereitungszeit: 10 Min.
Schwierigkeit: leicht

Zutaten:

300 g Litschi
4 Kiwis
4 Stiele frische Minze
3 EL Honig
2 unbehandelte Limetten

Zubereitung:

1. Litschies schälen und von Kernen befreien. Kiwis schälen, in dünne Scheiben schneiden. Minzeblätter abzupfen, in feine Streifen schneiden.

2. Honig mit Limettensaft verrühren, mit Obst mischen und Minze darauf anrichten.

15. Japanische Salate

In Japan werden Salate als *Aemono* bezeichnet. Es sind köstliche Kombinationen, die kurz vor dem Genuss mit einem cremigen Dressing garniert werden. *Sunomono* heißen hingegen japanische Salate aus gesäuerten Zutaten. Je nach Menge der Zutat sind japanische Salate ein kleiner Snack oder eine Beilage zu anderen Speisen.

15.1 Japanischer Salat mit Sojabohnen

Für 2 Portionen
Zubereitungszeit: 30 Min.
Schwierigkeit: leicht

Zutaten:

70 g Seidentofu
1 EL Sesampaste
1 EL Honig
2 EL frisch gepresster Zitronensaft
1 EL Reisessig
1 TL Sesamöl
Salz
Chilipulver
250 g TK-Edamame
6 Kirschtomaten
100 g gemischter Asia-Blattsalat
Pfeffer

Zubereitung:

1. Tofu abtropfen lassen, Sesampaste, Honig, Zitronensaft, Essig und Sesamöl gut verrühren. Tofu mit dem Schneebesen kräftig unterrühren, bis eine cremige Sauce entstanden ist. Mit Salz und Chilipulver pikant abschmecken.

2. Wasser zum Kochen bringen, tiefgekühlten Edamame hineingeben und zugedeckt bei schwacher Hitze 5-7 Min. kochen lassen. Abgießen, kalt abbrausen und abtropfen lassen. Die Schoten öffnen und die Bohnen herauslösen.

3. Tomaten waschen und vierteln. Blattsalat verlesen, waschen und trockenschleudern. Beides mit den Bohnen und dem Dressing mischen. Nach Belieben mit Pfeffer übermahlen.

15.2 Blattspinat mit Sesamsoße

Für 1-2 Portionen
Zubereitungszeit: 30 Min.
Schwierigkeit: leicht

Zutaten:

1 Hand voll frischer Blattspinat
2 EL hellen Sesam
2 EL Sesampaste
2 EL helle Sojasoße
1 TL brauner Zucker
1 EL Reisessig
1-2 EL Kombu Dashi oder Wasser

Zubereitung:

1. Spinat in kochendem Wasser kurz blanchieren, herausnehmen und mit Eiswasser abschrecken, rausnehmen und auspressen.

2. Sesam rösten und zermörsern, Sesampaste, Zucker, Reisessig, Sojasoße und etwas Kombudashi oder Wasser zufügen und immer wieder weiterrühren. Mit etwas Salz abschmecken. Spinat unter die Creme mengen und in kleinen Schälchen servieren.

15.3 Knackiges Gemüse mit weißem Tofudressing

Für 1-2 Portionen
Zubereitungszeit: 30 Min.
Schwierigkeit: leicht

Zutaten:

100 g gepresster Seidentofu
4 EL heller Sesam
2 EL helle Sojasoße
1 EL Sesam- oder Walnussöl
1 EL Zucker
Grüner Spargel, Zuckerschoten, grüne Bohnen

Zubereitung:

1. Tofu auspressen, um das überschüssige Wasser zu entfernen. Sesam in Pfanne ohne Öl goldbraun rösten, in einem Mörser zerreiben. Tofu hinzufügen und kräftig weiterreiben, bis eine fluffige Masse entstanden ist.

2. Sesam- oder Walnussöl, Sojasoße und Zucker zufügen, weiterreiben. Gemüse im Mörser mit der Creme mischen, dann in Schale füllen und vor dem Genuss mit Sesam oder Chiliflocken bestreuen.

15.4 Shira-ae Salat mit Gurke, Apfel, Mango

Für 1-2 Portionen
Zubereitungszeit: 30 Min.
Schwierigkeit: leicht

Zutaten:

½ Salatgurke
150 g geschälte Mango
½ grüner Apfel
100 g gepresster Seidentofu
1 EL heller Sesam
3 EL japanische Sesampaste
2 EL helle Sojasoße
1 EL Zucker
1 TL Reisessig
Salz

Zubereitung:

1. Gurke schälen, entkernen und in kleine Stifte schneiden, mit Salz einreiben, ziehen lassen, abtropfen. Apfel in Stifte schneiden, mit Salz und Zitronensaft bestreuen, Mango in kleine Stücke schneiden.

2. Sesam rösten, im Mörser grob zerreiben, Sesampaste und Tofu hinzu und weiter verrühren. Cremige Masse mit Sojasoße, Zucker und Reisessig würzen, mit Salz abschmecken. Gurke, Apfel, Mango unterrühren. In Schälchen füllen und garnieren.

15.5 Gurkensalat mit Wakame Algen

Für 2 Portionen
Zubereitungszeit: 30 Min.
Schwierigkeit: leicht

Zutaten:

20 g Wakame getrocknet
½ Salatgurke
3 EL Reisessig
3 EL Sesamöl
2 EL Zucker
1 TL Salz

Zubereitung:

1. Trockenen Wakame 10 Minuten in warmem Wasser einweichen, dann im Sieb unter fließendem Wasser abspülen und gut ausdrücken.

2. Gurke waschen, halbieren und in feine Streifen schneiden. Die Kerne vorher herausholen. In eine Schale legen, mit etwas Salz mischen und ziehen lassen.

3. Reisessig mit Sesamöl und Zucker zum Dressing mischen, ausgedrückte Wakame und Gurke darin marinieren.

15.6 Glasnudelsalat

Für 2 Portionen
Zubereitungszeit: 30 Min.
Schwierigkeit: leicht

Zutaten:

150 g Glasnudeln
100 g Räuchertofu
2 Karotten
50 g Bambussprossen
Handvoll Erdnüsse

Dressing:

2 EL Reisessig
4 EL Sojasoße
3 EL gelbes Currypulver
1 EL Zitronensaft
20 ml Wasser

Zubereitung:

1. Glasnudeln in kochendem Wasser 5 Minuten ziehen lassen, dann kalt abschrecken. Karotten schälen und wie den Räuchertofu in kleine Würfel schneiden, leicht braten.

2. Tofu, Karotten, Erdnüsse und Bambussprossen mit dem Dressing zu den Glasnudeln geben, gut vermengen und genießen.

15.7 Scharfer Hähnchen-Nudel-Salat asiatisch

Für 4 Portionen
Zubereitungszeit: 50 Min.
Schwierigkeit: leicht

Zutaten:

200 g dünne Reisnudeln
250 g Hähnchenfilets
Salz, Pfeffer
1 EL Öl
1 kleine rote Chilischote
2 Limetten
3-4 EL Sojasoße
1/2 TL flüssiger Honig
2 EL geröstetes Sesamöl
2 Möhren
1/2 Salatgurke
2 Lauchzwiebeln
1 rote Zwiebel
2 EL gesalzene geröstete Erdnusskerne
8-10 Stiele Koriander

Zubereitung:

1. Nudeln mit kochendem Wasser übergießen, ca. 5 Minuten quellen lassen, abgießen und kalt abspülen. Hähnchenfilets waschen, mit Salz und Pfeffer würzen, in Öl 8–10 Minuten braten. Abkühlen lassen.

2. Chili putzen, längs aufschneiden, entkernen, fein hacken. Limetten auspressen. Sojasoße, Honig, Chili und Limettensaft verrühren, unter die Nudeln geben und 30 Min. ziehen lassen.

3. Möhren und Gurke schälen, in dünne Streifen schneiden. Lauchzwiebeln in Ringe schneiden, Zwiebel in dünne Streifen schneiden, Erdnüsse grob hacken. Korianderblätter abzupfen und grob hacken.

4. Fleisch in Scheiben schneiden. Nudeln mit Hähnchen, Möhren- und Gurkenstreifen, Lauchzwiebeln, roter Zwiebel, Erdnüssen und Koriander vermengen. Mit Sojasoße, Pfeffer und Limettensaft abschmecken.

15.8 Scharfer Rettich-Salat

Für 1 Portion
Zubereitungszeit: 20 Min.
Schwierigkeit: leicht

Zutaten:

1 Birne
2 TL Fischsoße
1 Frühlingszwiebel
1 EL Chilipulver
2 Knoblauchzehen
500 g Rettich
1 TL Salz
1 EL Sesam
½ TL Zucker

Zubereitung:

1. Rettich schälen, in dünne Sticks schneiden. 1 Teelöffel Salz zugeben und 15 Min. ziehen lassen. Danach Wasser abgießen und Rettich etwas trocknen.

2. Birne in Sticks schneiden, Knoblauchzehen schälen und pressen, Frühlingszwiebel in feine Ringe schneiden. In einer Schüssel alle Zutaten mischen. Dieser Salat passt perfekt zu Fleisch.

15.9 Chinakohl-Salat mit Sesam

Für 4 Portionen
Zubereitungszeit: 30 Min.
Schwierigkeit: leicht

Zutaten:

1 Chinakohl
1 Bund Frühlingszwiebel
100 g gehackte Mandeln
3 EL Sesam
130 g MIE-Nudeln
4 EL Sojasauce
½ Tasse Zucker
½ Tasse Essig
½ Tasse Olivenöl

Zubereitung:

1. Chinakohl in Streifen schneiden, Frühlingszwiebel in feine Ringe. In einer Pfanne mit etwas Olivenöl Mandeln, Sesam und Nudeln anrösten.

2. Aus Sojasoße, Zucker und Essig eine heiße Marinade herstellen. Wenn diese abgekühlt ist, mit den übrigen Zutaten vermischen und sofort genießen.

Schlusswort

Mit unserem Sushi Kochbuch hast Du einen spannenden Einblick in die fernöstliche Küche bekommen. Nun kannst Du ganz einfach dein eigenes Sushi zubereiten. Supermarkt-Sushi oder der Gang ins Restaurant sind nun nicht mehr unbedingt notwendig.

Das Schönste ist, Du hast nun eine Basis für viele weitere kreative Ideen, die man schnell entwickelt, wenn man dabei ist, das eine oder andere Rezept auszuprobieren. Da Sushi gesund und figurfreundlich ist, darfst Du gerne öfter Sushi genießen, als es bisher möglich war. Und Neulinge werden erstaunt sein, wie einfach es im Prinzip doch ist.

Noch ein Tipp zum Schluss: Bitte achtet unbedingt auf erstklassige Qualität der Zutaten. Besonders roher Fisch oder Meeresfrüchte solltet Ihr ausschließlich in „Sushi-Qualität" kaufen. Auch das Gemüse, das Obst und alles, was sonst noch Verwendung findet, am besten immer einwandfrei und möglichst Bio. Nur mit sehr guten Zutaten können Eure Sushis zu einem echten Genuss werden!

Und nun wünschen wir Euch gutes Gelingen, guten Appetit und viel Spaß bei der Zubereitung von Sushi.

Media Commerce
c/o Hermine Treitner
Laxenburgerstraße 136/11/5
1100 Wien
Österreich / Austria

Gedruckt/Vertrieben und Verkauft via
Amazon.com, Inc. oder einer Tochtergesellschaft